# ATLAS PORTATIF

## POUR SERVIR A L'INTELLIGENCE

# DE L'HISTOIRE

## PHILOSOPHIQUE

## ET POLITIQUE

DES ETABLISSEMENS ET DU COMMERCE DES
EUROPE'ENS DANS LES DEUX INDES.

A AMSTERDAM,
Chez { E. VAN HARREVELT, } Libraires.
{ D. J. CHANGUION, }
MDCCLXXIII.

# AVERTISSEMENT.

Nous nous acquittons avec empreſſement de l'obligation que nous nous ſommes impoſée, de donner au Public un petit *Atlas* relatif à *l'Hiſtoire Philoſophique & Politique des Établiſſemens & du Commerce des Européens dans les deux Indes.*
Ce ſeroit en vain que nous nous appeſanterions ſur l'utilité de cette petite Collection; il n'eſt point de Lecteur, tant ſoit peu intelligent, qui n'ait deſiré de pouvoir accompagner ſes lectures, de l'inſpection des lieux que l'éloquent Hiſtorien lui fait parcourir. Surpaſſant par la rapidité de ſon ſtyle, la viteſſe des vaiſſeaux de nos Conquérans, l'imagination a peine à le ſuivre, la mémoire ſe trouve en défaut; mais ces inconvéniens diſparoiſſent par la reſſource que nous offrons au Public. Quelle ſatisfaction d'ailleurs de pouvoir juger par la poſition & la nature des contrées, des pays, des iſles dont il parle, de la juſteſſe des deſcriptions brillantes & pompeuſes qu'il en fait? de pouvoir apprécier par la facilité ou les obſtacles que préſentent des lieux qu'il montre à l'avidité européenne comme une conquête aiſée, la poſſibilité ou la difficulté de l'exécution?
Si c'étoit un livre ordinaire, notre entrepriſe ſeroit tout au moins inutile, mais les premieres Éditions promptement épuiſées ſont un ſûr garant que nous ne nous ſommes pas trompés dans le jugement avantageux que nous en avons porté, & par conſéquent, que le ſoin que nous avons pris de raſſembler les Cartes qui peuvent en faciliter l'intelligence, ne peut être qu'agréable aux Lecteurs.
On pourroit ſoupçonner que l'Auteur n'a donné à ſon Hiſtoire le titre de *Philoſophique* que pour en impoſer à un ſiecle enthouſiaſte de tout ce qui porte le nom de philoſophie; mais à la lecture, il eſt aiſé de reconnoître qu'il n'avoit pas beſoin de ce foible ſecours, & que ſi réellement il a voulu donner quelque choſe à la manie de nos jours, ce n'a été que pour rendre plus ſenſibles ſes réflexions en les aſſaiſonant au goût du Lecteur. Nous ne croyons pas non plus que ſon but ait été d'attaquer la Religion; (c'eſt cependant à quoi ſe réduit en derniere analyſe ce qu'on appelle aujourd'hui Philoſophie) mais nous penſons que la conduite irréguliere & cruelle des premiers Conquérans Européens, leur inhumanité & leur barbarie, trop fidélement imitées par leurs ſucceſſeurs, ont arraché à l'Hiſtorien ſenſible, des Réflexions qui peut-être n'étoient pas entrées d'abord dans le plan de ſon ouvrage.

* 2

## 4

Quoi qu'il en foit, on ne peut nier que fon Hiftoire ne foit un morceau pré-
cieux & intéreffant , où il eft difficile de choifir entre les traits fublimes qu'il pré-
fente à chaque inftant. Il faut convenir qu'elle eft remplie de vues qui , fans
aller au détriment des Puiffances de l'Europe , leur indiquent les moyens de fou-
lager l'Humanité accablée dans l'Afrique & dans les deux Indes , fous les fers de
l'efclavage & fous la rigueur du Defpotisme.

Nous ne pouvons donc que nous féliciter d'avoir pu contribuer en quelque
chofe aux bons effets que ce Livre peut produire , & nous nous flattons d'y avoir
réuffi par le petit *Atlas* que nous y avons adapté. Outre l'avantage de mettre
fous les yeux du Lecteur , les lieux que l'Auteur décrit , on pourra encore , en
lifant la Table des Cartes , voir rapprochés l'un de l'autre , les différens endroits
où l'Hiftorien a parlé du même pays , de la même contrée , de la même Ifle ;
avantage confidérable , puifqu'il épargne au curieux la peine de feuilleter fix vo-
lumes pour fe mettre au fait de ce que l'Auteur en a dit , & que cette Table des
Cartes fupplée en quelque forte à une Table des Matieres qu'un Ouvrage auffi
étendu paroît exiger.

Pour cela , nous avons difpofé les Cartes felon l'ordre de la narration , & nous
avons indiqué de fuite les Tomes & les Pages où il eft traité des lieux repréfentés
dans la Carte. Ce procédé met dans les matieres une fuite qu'on y chercheroit
vainement , l'Ecrivain ayant toujours fuivi l'ordre des Découvertes, ou les Voyageurs des différentes Nations, fans égard à la pofition Géographique. Cette mé-
thode fourniffoit bien plus à fon imagination brillante ; mais elle l'a engagé à
revenir plufieurs fois fur les mêmes objets avant que de les épuifer , & notre Table réunit fous un coup d'œil tout ce qu'il en a dit.

L'objet principal de l'Hiftorien étant de faire connoître les Etabliffemens des
Européens dans les deux Indes , pour nous conformer à fon intention, nous avons
donné les Cartes de ces contrées les plus détaillées qu'il nous a été poffible, ren-
voyant , pour ce qui regarde l'Afrique , à la Mappemonde , tant pour ne point
trop multiplier les Cartes , que parce que cette partie du Globe entre moins
directement dans le plan de l'Auteur.

Ce petit Atlas eft compofé de 46 Cartes très-proprement enluminées. On
pourra fe le procurer au prix de 7 florins jufqu'au 1er Novembre de cette année ; paffé ce terme , il fe vendra dix florins.

# TABLE INDICATIVE

DES PAYS, DES ROYAUMES ET DES ISLES DONT IL EST
TRAITE' DANS L'HISTOIRE PHILOSOPHIQUE DES
ETABLISSEMENS DES EUROPE'ENS DANS LES DEUX
INDES. AVEC LES RENVOIS AUX CARTES QUI EN
FACILITENT L'INTELLIGENCE.

## TOME I.

( 6 )

## TOME I.

## TOME III.

## TOME IV.

## TOME IV.

## TOME V.

## TOME VI.

T O-

( 9 )

## TOME VI.

# LISTE DES CARTES DE CET ATLAS.

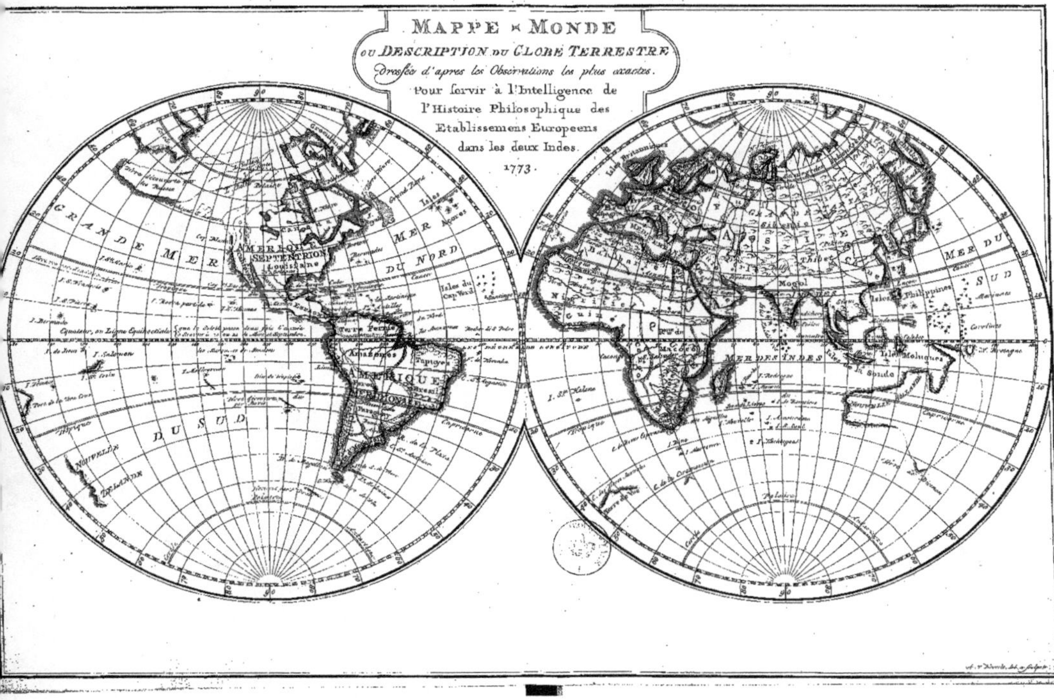
MAPPE MONDE
ou DESCRIPTION du GLOBE TERRESTRE
Dreſsée d'apres les Observations les plus exactes.
Pour ſervir à l'Intelligence de
l'Histoire Philosophique des
Etablissemens Europeens
dans les deux Indes.
1773.
GRANDE MER DU NORD
AMERIQUE SEPTENTRION
Louisiane
Isles du Cap Verd
Terre Ferme
Amazones
AMERIQUE
DU SUD
Mogol
Philippines
Isles Moluques
MER DES INDES
MER DU SUD

# CARTE DES ISLES DE MADERE ET PORTO SANTO,

*Dreſſée sur les Journaux des plus habiles Navigateurs.*

### Echelle

Lieus Communes de France de 25 au Degré.
Schaal van 25 Gemeene - Franſe Mylen, uitmaakende eene Graad.

1 2 3 4 5     10     15     20     25 Lieues

ISLE DE PORTO SANTO.

*on ne connoit point de Mouillage dans cette Partie.*
*Men kend hier aan deze Zyde geen Ankergrond.*

### ISLE DE MADERE

St. Crux

Funchal
Fort.

Mancheta
ou
Magdelaine

Les Isles Deſertes:
De Woeste Eilanden.

F. R. Bolley direx.

KAART van de EILANDEN van MADERA en PORTO SANTO,
Geschikt volgens de Daghregisters der bequaamste ZEELIEDEN.

2.

CARTE
DES ISLES CANARIES
Dressée sur les Journaux des Navigateurs
Par N. BELLIN Ingenieur de la
Marine 1746.

Rochas Bolzon—I.St Salvage
I. Pitan.

Premier Meridien
Esc. de Ferro.

Rochers
Knittes
I. Palma
St André
I. Ramos
Palma
Plc Caride
S. Joseph
Sonore
Messe
Taffa Cortes

I. Gomera
Valle Erinces
Armaria
I. Ferro
I. El Golfo

I. St Claire
I. Lancerotta
Informed
Pavillion
Volcano

Alegranza
Rocca: Rotz
Graciosa
Lancerotta
Porto de Cavallos
Porto de Naes

I. FORTEVENTURA
Conception
Chateau
Mararo
Galiopian
M. Gandia

I. Lobos
Porto de Fuctes
Garabato
Cane Negre

Adeago
Comuo
I. Gomera Godelso

St Jago
I. des Rochers
St. Crus
I des Rochers
Candelaria
Orica
Prioria

Casa de la Sonera
Les 7 Palmas
ou Aventad Ball
De 7 Puntuas

I. TENERIFFA
le Gota
Avordim
I Gul
Telle

Isle de Palma, ou Canarie:
de Sant Palma, of Kanarie.

I. CANARIA

Echelle de Lieues Marines de France et d'Angleterre,
van 20 in een Graad.
Schaale van Zeemylen.

J. V. Schley direx.

KAART van de KANARISE-EILANDEN, gerigt op de Daghregisters der Zeelieden,
Door N. BELLIN, Ingenieur van de Franse-Zeemagt, A° 1746.

CARTE DE L'INDOUSTAN. Suivant les Cartes les plus récentes, Conciliées avec les Relations et les Détails Géographiques insérés dans l'Histoire des Etablissemens Européens. I.re Feuille Par H. Bellin Ingr. de la Marine 1752.

Longitude de l'Isle de Fer.

FRONTIERES DE PERSE

SIGISTAN

KABOUL

NAGRES

PETIT TIBET

CANDAHAR

KASHMIR

ARROKHAGE

JENGAPOUR

THURAN

MOGOL

BUKKOR

BANDO

SIND

JESSELMIRE

DELHI

BERAR

PITGOR

KANDOUANA

JESUAT

MEOUAT

UDESSA

PATNA

NARVAE

SOLE

GUZARATE

RANTIPOUR

BENGALE

DISH

BERAR

Cét Intérieur n'est pas connu

ECHELLES
Lieues Communes de France de 25 au Degré
Common Trans-Myles van 15 in een Graad.
Coffee andere deex l'Indoustan.
Gaslen gebruykelyk in Hindoestan.

Tropique du Cancer

GOLPHE DU SINDI
DE L'INDE

Longitude Orientale de Paris.

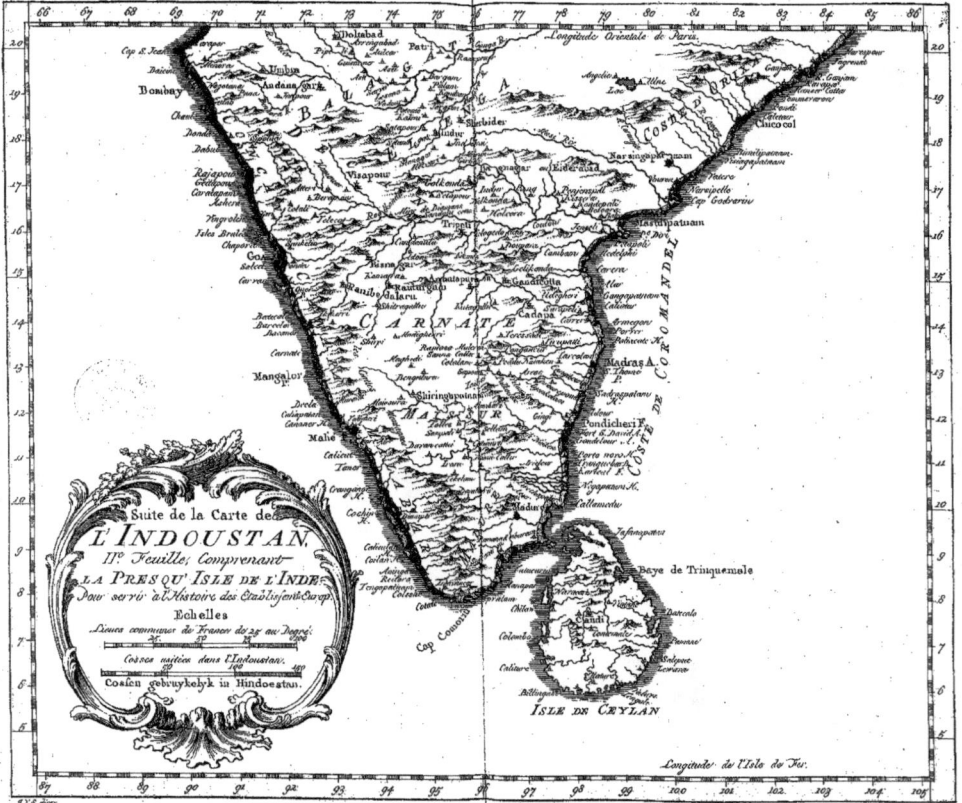

VERVOLG VAN DE KAART VAN HINDOESTAN, II.de Blad. vervattende 't HALF-EILAND VAN INDIEN.

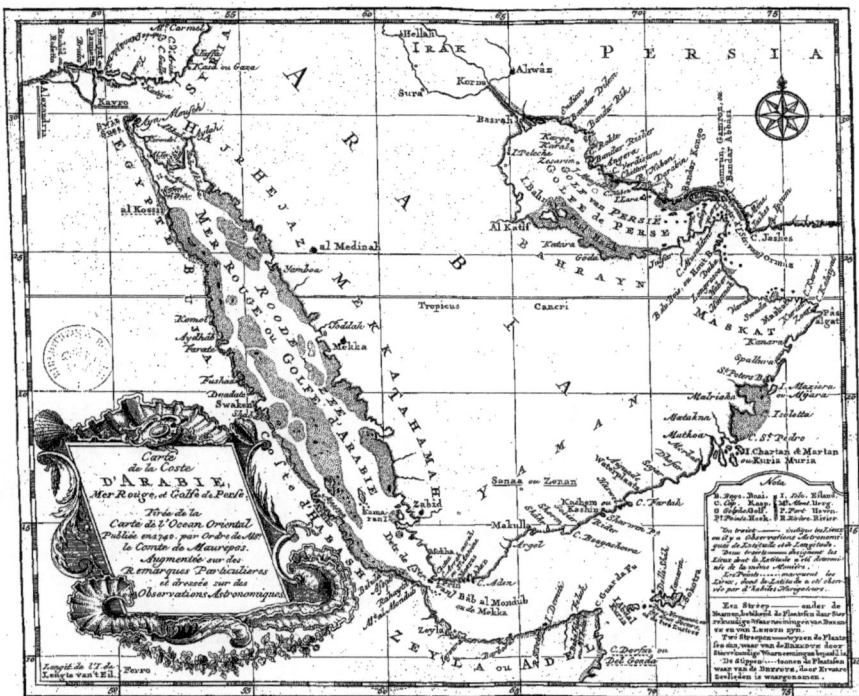

PERSIA

ARABIA

IRAK

Alexandria · Alwaz · Sura · Korna · Basrah

M.t Carmel · Jaffa ou Kaïd ou Gaza · C.t Peters · Mayrc

EGYPT · HEJAZ · MER ROUGE ou ROODE · GOLF ZEE D'ARABIE

al Kossir · al Medinah · Yambou

Kenne · Aydhàb ou Farate · Daudab · Swaken · Kam

Koddah · Mekka · Tropicus Cancri

BAHRAYN · Al Kadf · Katira

GOLFE de PERSE · GOLFE PERSIE

MASKAT · Kamara · Spalhra

MAN · KATAHAMAH

Zabid · Sanaa ou Zenan · St. Peters B. · Matrioha · Maxiera ou Majara · Iesletta · St. Pedro · M.t Chartan & Martan ou Kuria Muria

Makulla · Aden · Zeyla ou Ade · C. Derfao ou Rool Grdn

Bab al Mondab ou de Mekka

Carte
de la Coste
D'ARABIE,
Mer Rouge, et Golfe de Perse
Tirée de la
Carte de l'Océan Oriental
Publiée en 1740. par Ordre de M.r
le Comte de Maurepas.
Augmentée sur des
Remarques Particulieres
et dressée sur des
Observations Astronomiques.

Note.

Lengte de 't Eil. Lengte van 't Eil. Ferro

KAART van de KUST van ARABIË, de ROODE - ZEE en de GOLF van PERSIË.
Gemaakt na de Fransse Kaart van den Ooster - Oceaan, uitgegeeven A.o 1740. op Bevel van den H.re Grave de Maurepas:
Vermeerderd op byzondere Aanmerkingen, en geschikt volgens Sterrekundige - Waarneemingen.

5.

CARTE DE
L'ISLE DE CEYLAN
Pour Servir à l'Histoire
des Etablissemens Europeens.
Par N.Bellin Ing.r ord.r de la Marine
1750.
Echelle
Lieues Marines de France
Schaal van 15 Zee-mylen

KAART VAN 'T EILAND CEILON,
Om te dienen voor de HIST. BESCHR. der VOLKPL. Door N.BELLIN, Ingenieur des Franssen Zeewaerds. 1750.

Echelle de dix Lieues Marines de 20 au Degré

1    2    3    4    5                                10

Schaal van tien Zee-Mylen van 20 in een Graad

50.

Hieri

Tacomni ou
Fort Willemstadt

*I. TERNATE*

Taléco
Malayo ou F. d'Orange
S. Pedro

40.

Gammalammn

Miterra

Maricco
Petit Maricco

Tohongo

*I. TIDOR*

30.

*I. POTTEBACKERS*

Fort Nassau

20.

*I. MOTIR*

Fort Maurice

Nihaca

Tassascho

*I. MACHIAN*

10.

Tabillolo

Equator

5m.                    145. Deg.         15.m.                20.m.

Longitude de l'Isle de Fer
Lengte van 't Eiland Ferro

5.

Manen

*I. BACHIAN*

Tabora
Fort Barneveld

*PARTIE DE L'ISLE DE GILOLO*

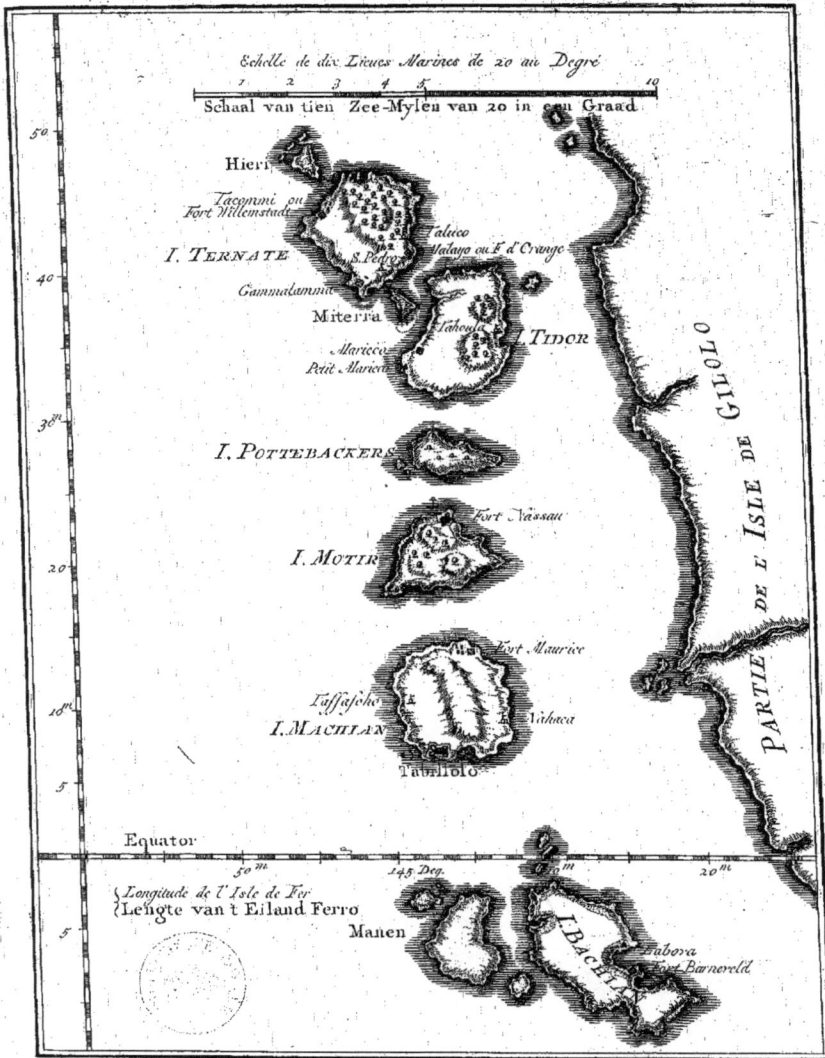

*CARTE PARTICULIERE DES ISLES MOLUQUES.*
*BYZONDERE KAART DER MOLUKZE EYLANDEN.*

7.

't KEIZERRYK van CHINA, om te dienen tot de HISTORISCHE BESCHRYVING der REIZEN, door N. BELLIN, Ingenieur des Franschen Zeevaards. 1748.

CHINE

COSTES DE L'A KUST

COSTES DE CHINE

Pekin
Kingchou
Kiotchou
Caitcheou
Golfe de Cang

Nianghai
Nanghsu

Nianking
Nu

Quelpaerts

Nankin

Hanning
Oujen I.
Ningchau
Huzt
Taitchou
Quentchau
Funtchao

Emoi

Canton
Chinghai

CORÉE

Cier, ou Kinkitao

Fanneay

I.Firando
I.de Goto
Nagasaki

Omen
Tanazima

I.O?

NIKOR?

I.Ol.

C.Noto

I.Sado

Canarava
Amonea

JAPON

Yedo

C.Noza
Kenki
C.Kana

Ava

Tonza
Tanazima
I. de Liquéio, ou de Rivre inconnues
et des Onbekende Evers.

Gr. Liquéio

I.des Rois Mago

Besemonds

Tropicus Cancri

ISLES DU JAPON
EILANDEN VAN JAPAN

I.Fatisio

I.Mathunai

Carte
DES ISLES DU JAPON
et la Presqu'Isle de
CORÉE,
Avec les Costes de la Chine
Depuis Pekin Jusqu'à Canton.
Echelle
Lieues Marines de France,
LEMMYLEN, van 20 in een Graad.

Par N. Bellin

Longitude de l'Isle de Ferro
Lengte van 't Eiland Ferro

40

35

30

25

130   135   140   145   150   155   160

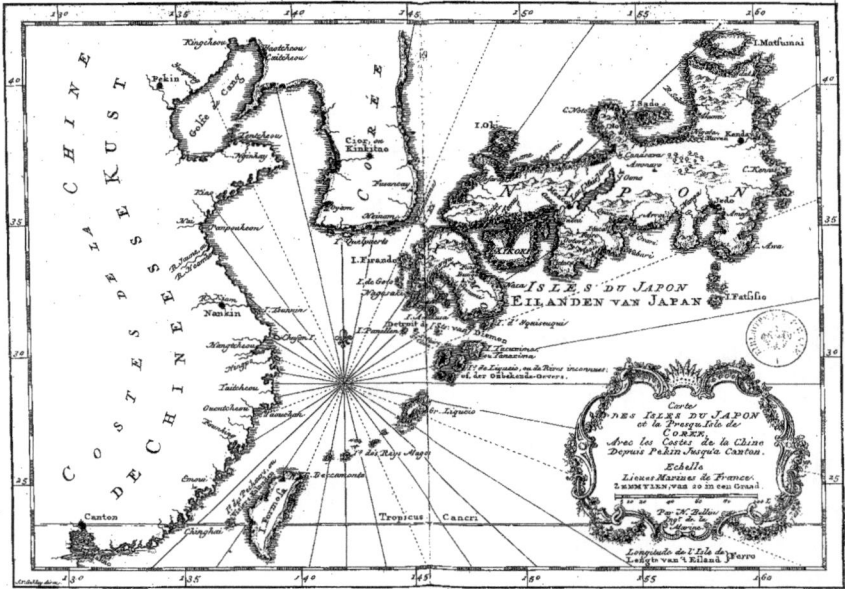

KAART van de EILANDEN van JAPAN, en van't HALF-EILAND KOREA; met de KUSTEN van CHINA, van PEKIN tot CANTON.

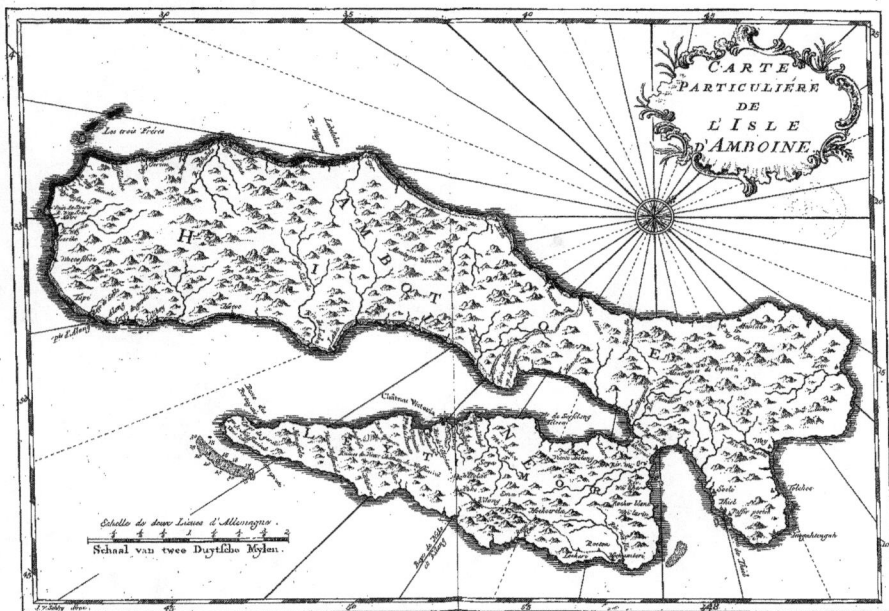

CARTE
PARTICULIÈRE
DE
L'ISLE
D'AMBOINE

Les trois Frères

H I L A E B O T

E

Château Wuurmal

de Suystang Revier

T M O R

Echelle de deux Lieues d'Allemagne.
Schaal van twee Duytsche Mylen.

BYZONDERE KAART VAN HET EYLAND AMBOINA.

ISLE DE
SUMATRA

NOUVELLE CARTE
DE
L'ISLE DE JAVA,
Dressée suivant les Observations les plus récentes,
faites par ordre de la Comp. Holl. des Indes Orientales.

DÉTROIT DE LA SONDE

ROYAUME
DE
BANTAM

PROV. DE
STRAMEN

PROVINCE DE
BABALLON

MADURA

I. BALI

NIEUWE KAART VAN HET EILAND JAVA,
Geschikt volgens de jongste Waarneemingen op Order der Nederlandsche O.I. Maatschappy gedaan.

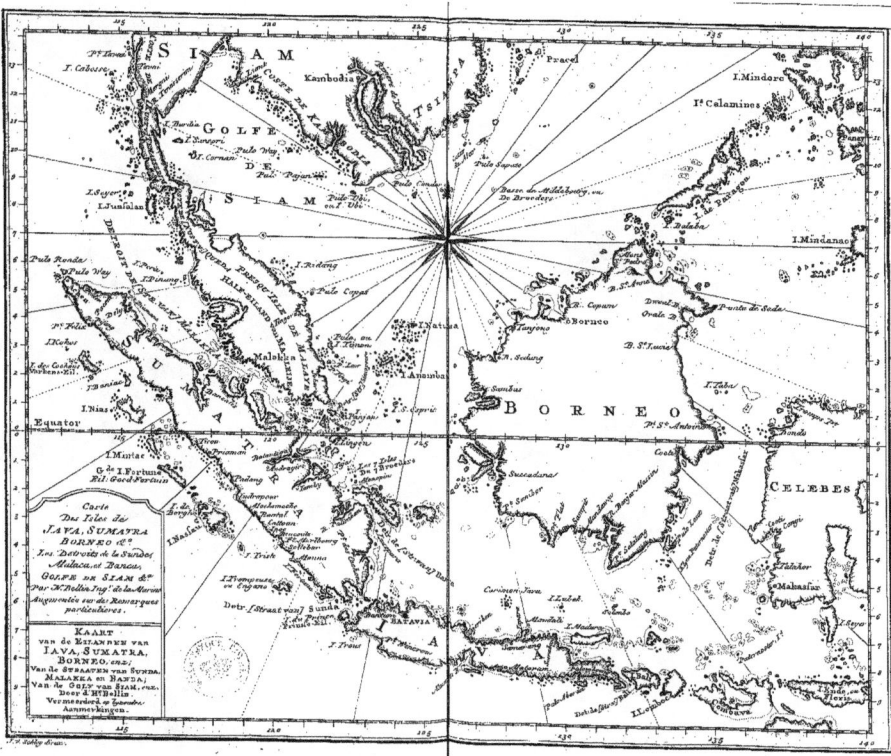

CARTE
DES ENVIRONS
DE
BATAVIA.

KAART VAN DE BUITENSTREEKEN VAN BATAVIA.

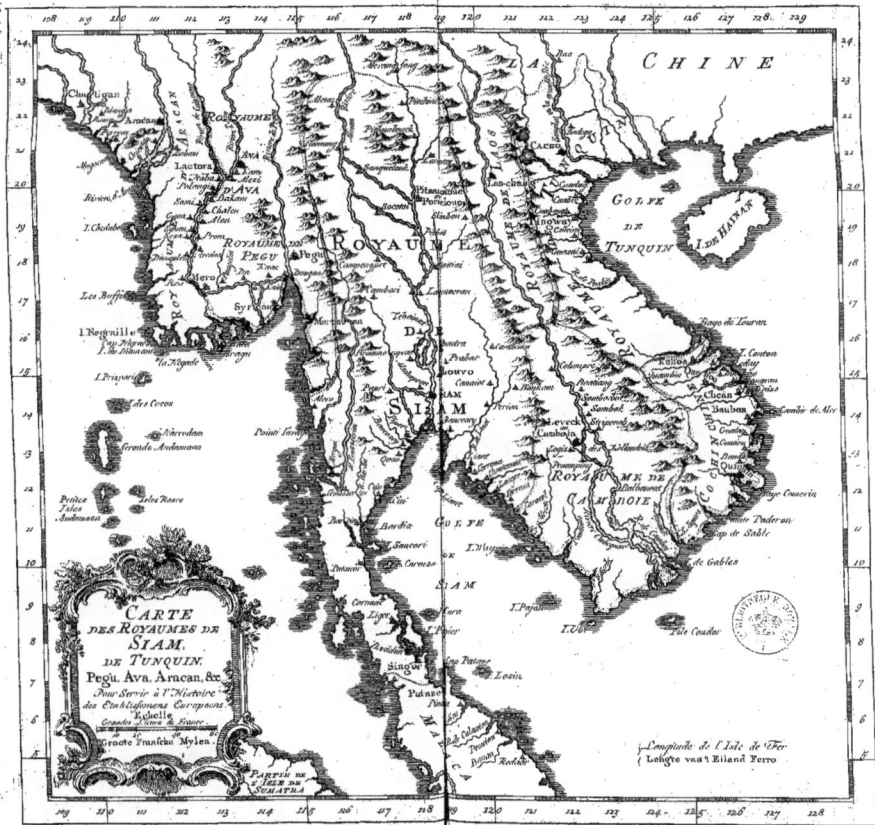

CHINE

ROYAUMES DAVA

GOLFE DE TUNQUIN

I. DE HAINAN

ROYAUME DE PEGU

ROYAUME

SIAM

CÔTE DE CHAMPA

ROYAUME DE CAMBODIE

GOLFE DE SIAM

CARTE
DES ROYAUMES DE
SIAM,
DE TUNQUIN,
Pegu, Ava, Aracan, &c.
Pour Servir à l'Histoire
des Etablissemens Europeens.
Echelle
Grandes Lieues de France
et
Groote Fransche Mylen.

PARTIE DE L'ISLE DE SUMATRA.

Longitude de l'Isle de Fer.
Lengte van 't Eiland Ferro.

KAART DER KONINGRYKEN SIAM, TONKIN, PEGU, AVA, ARAKAN, &c.
Om te dienen tot de HISTORISCHE BESCHRYVING der VOLKPL.

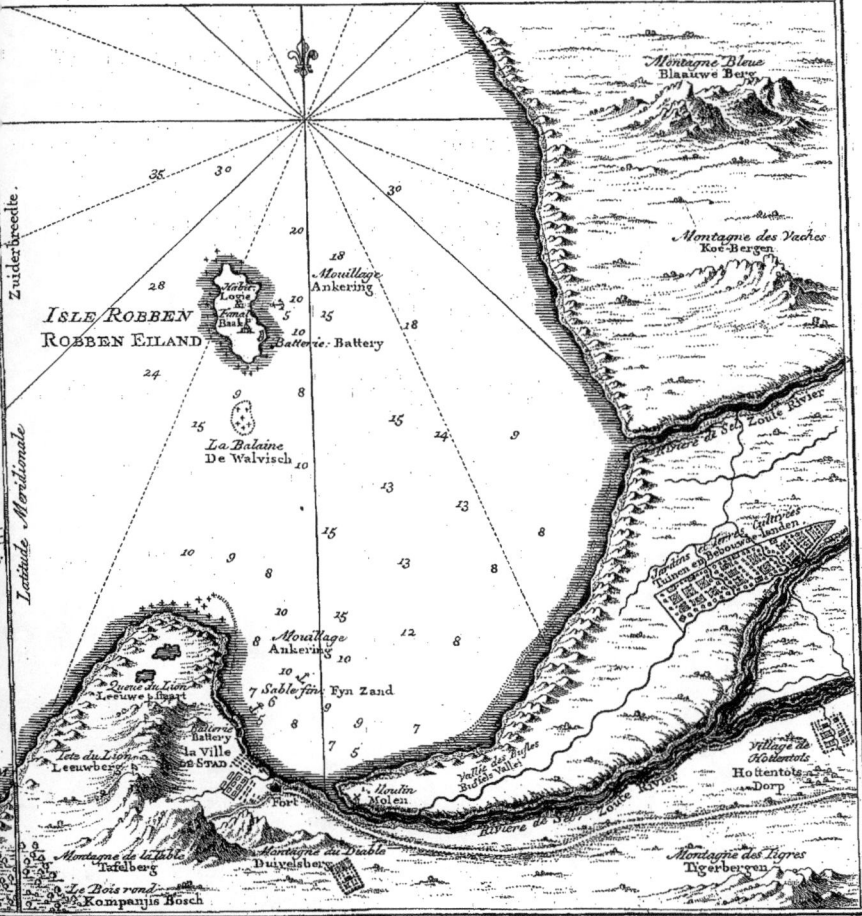

CARTE DE LA *BAYE* DE LA *TABLE*
ET *RADE* DU *CAP* DE *BONNE ESPERANCE*
*Dressée sur Divers Manuscrits par N.B. Ing.r de la Marine.*
Echelle de Quatre Lieues Marines
Schaal van vier ZEE-MYLEN.

*Montagne Bleue*
*Blaauwe Berg*

*Montagne des Vaches*
*Koe-Bergen*

Zuiderbreedte.

Latitude Meridionale.

*Mouillage*
Ankering

ISLE ROBBEN
ROBBEN EILAND

*Batterie* Battery

La Balaine
De Walvisch

*Jardins & Babone de Janssen*

*Mouillage*
Ankering

*Sable fin* Fyn Zand

*Queue du Lion*
*Leeuwe's Staart*

*Batterie*
Battery
la Ville
DE STAD

*Iets du Lion*
*Leeuwberg*

*Village de*
*Hottentots*
*Dorp*

*Moulin*
*Molen*

*Fort*

*Vallée des Bestes*
*Buffel Vallei*

*Montagne de la Table*
*Tafelberg*

*Montagne du Diable*
*Duivelsberg*

*Le Bois rond*
*Kompanjis Bosch*

*Montagne des Tigres*
*Tigerbergen*

*Schley direx.*

AART der TAFELBAAI en RÉE van KAAP de GOEDE HOOP,
Gefchikt op verscheide HANDSCHRIFTEN; door N.B. Ingen.r des Franssen Zeevaards.

P E R S I A
MAKRAN
BALUCHISTAN
C. Jaskes

C. Guadel

J A M

C. Tigat   Baet

G U Z A R A T

Kambaya

Tropicus Cancri

C. Ras algat

A R A B I A
Kanara
Spaltura
I. Mazira en Atjara
C. Isaletta

Golfe de Kambaya

Diu
Hoofd van Diu
Diu Head

Surat A.F.H.
Vakkés
Gandiva
Daman P.
St. Johns

Tarap. ou Bassein

A. Bombay
Kanerij
P. Chaul   Savage

R. Chets
Dabul
Settra
Nagegawe
Capez
C. Dobs

Rajapor

I. Rajapor

Kerapatan
Tamma
Vingorla
Banda

Roche & Bois van

Goa P.
I. St. George   I. Salset
I. Anchediva   Karwar A.
Pigeon I.   Onor H.
Batdala
Barselor H.

Roches Rotxen
del Radou

Barrow
Paul
Chetty Paul

Mangalor A.
Mt. Alepy
Kadera
Mt. Formosa
Kananor H.

K O N K A N   V I S A P O R A   K A N A R A   M A L A B A R

I N D I A

E M P I R E   D U   G R A N D   M O G O L
HEERSCHAPPYE DES GROOTEN MOGOLS

Isles
Lakka Dives
ou de
Qualpena.

Lakkadievise-Eil.

Carte
des Costes de
PERSE, GUZARAT et MALABAR.
Tirée
de la Carte Françoise de
l'Ocean Oriental
Publiée en 1740, par Ordre de M.
le Comte de Maurepas:
Augmentée sur des Remarques particulieres,
et dressée sur des
Observations Astronomiques.

Pearmul Paul
Bungoro
Aukutti

Soble Paul

Qualpena ou Andaro

Canal des Maldives.
Straat der Maldivées.

I. Kubila

Minkoy ou Melek

Kottu
Timor
Peragua
Kandikale
Kamalate
Zanfar. ou I. du Rey

L E S   I S L E S   M A L D I V E S .

Nellandous

H. Tegapatam
C. Komorin

Konings Eil.

M A L D I V I S E
E I L A N D E N

Kollomatis

Str. van Adou.   Canal d'Adou.

Adoumatis

Nota

| B. | Baye. | Baai. | P. | Pointe. | Hoek. |
| C. | Cap. | Kaap. | R. | Riviere. | Rivier. |
| G. | Golphe. | Golf. | A. | Anglois. | Engelsien. |
| I. | Isle. | Eiland. | F. | François. | Franslen. |
| M. | Mont. | Berg. | H. | Hollandois. | Hollanders. |
| P. | Port. | Haven. | P. | Portugais. | Portugeesen. |

Un Trait ——— sous les Noms indique les Lieux, ou l'on a fait des
Observations Astronomiques de Latitude.
Deux Traits ══════ designent les Lieux, dont la Latitude et la
Longitude ont été determinés de la meme maniere.

Een Streep ——— onder de Naamen wyst de Plaatsen aan daar men
Sterrekundige Waarneemingen van BREEDTE gedaan heeft.
Twee Streepen ══════ toonen de Plaatsen welker BREEDTE en LENGTE
in gelyker-voegen bepaald is.

Longitude de l'Isle de
Lengte van 't Eiland } Ferro.

Æquator.

I. de Diego Royes

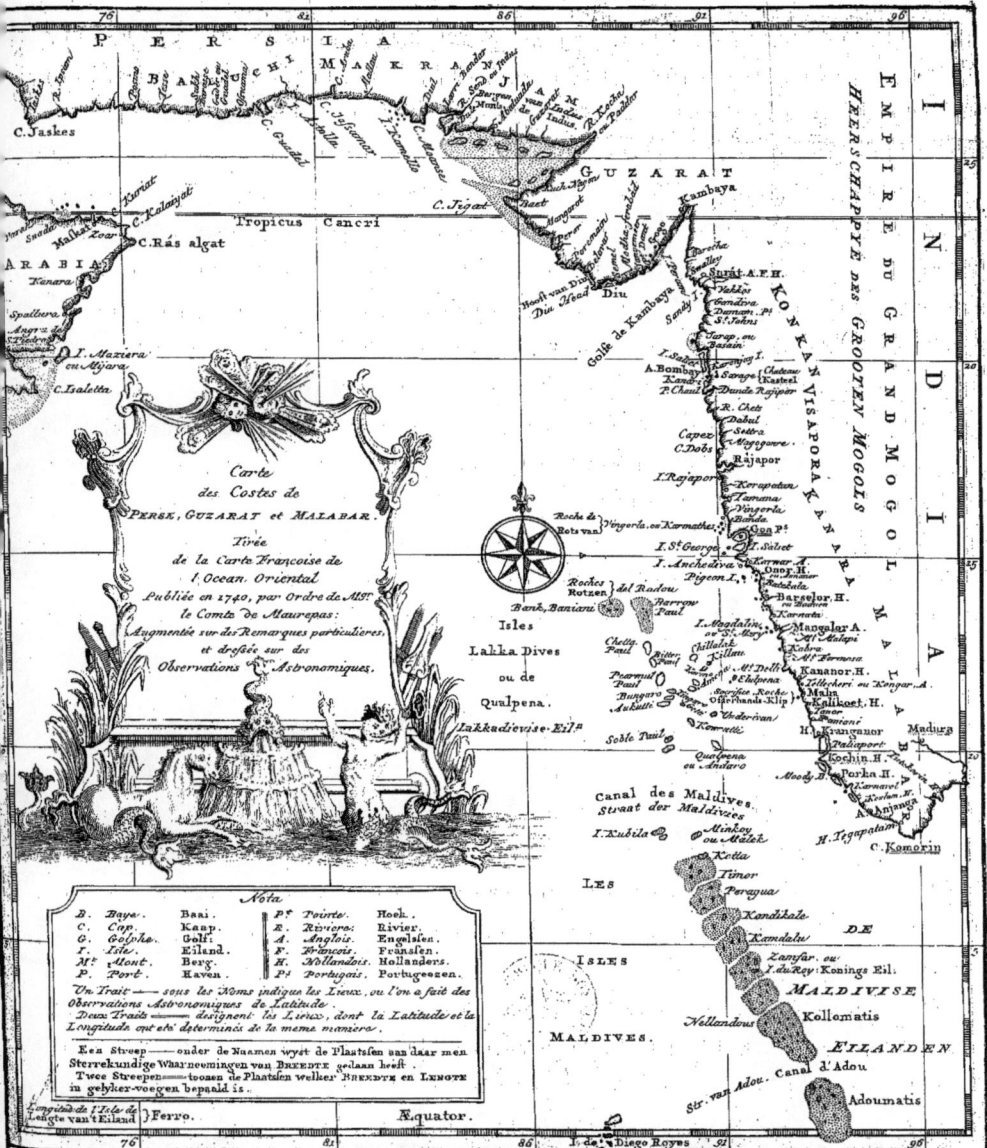

KAART van de KUSTEN van PERSIË, GUZARATTE en MALABAR.
Gemaakt na de Fransse-Kaart van den Ooster-Ocean, uitgegeeven A.o 1740. op Bevel van den M.re Grave de Maurepas:
Vermeerdert op byzondere Aanmerkingen, en geschikt volgens Sterrekundige Waarneemingen.

Les Laquedives

Isles [Eilanden] Divandorou

Malicut, ou Malique

## CARTE
## DES ISLES
## MALDIVES
*Pour servir à l'Histoire*
*des Etablisemens Europeens*
1750
*Echelle*
*de 50 Lieues Marines.*
Schaal van 50 Zee-mylen.

11
10
9
8
7
6
5
4
3
2
1

Oustimé
Atollon de [I. Ban van] Tilla doumatis

Atollon de [II.B.v.] Milla douc Madou
Malinao
Despenso
Canal: Kanaal.
Atollon de [III. Ban van] Padypolo

Atollon de [IV.B.v.] Malos Mados.
Pamlous
Puladou
Maconnodou
Pulador
Atollon de [V. Ban van] Ariatollon

Atollon de [VI. Ban van] Male
Isle Malé Capitale ou Isle du Roy
t Konings-Eiland.
Canal: Kanaal.

Atollon de [VII. Ban van] Pulodou

Canal: Kanaal.
Atollon de [VIII. Ban van] Moluque

Atollon de [IX. Ban van] Nillandous

Atollon de [X. Ban van] Collo Madous

Atollon d'[XI. Ban van] Adoumatis

Canal de [De Str. van] Souadou.      ÆQUATOR

89   90   91   92   93   94   95   96   97

Longitude de l'Isle de ⎱ Ferro.
Lengte van 't Eiland ⎰
Souadou
Atollon de [XII. Ban van] Souadou

Addou
At d'[XIII. Ban van] Addou en Poua Moluques
Poua Moluque

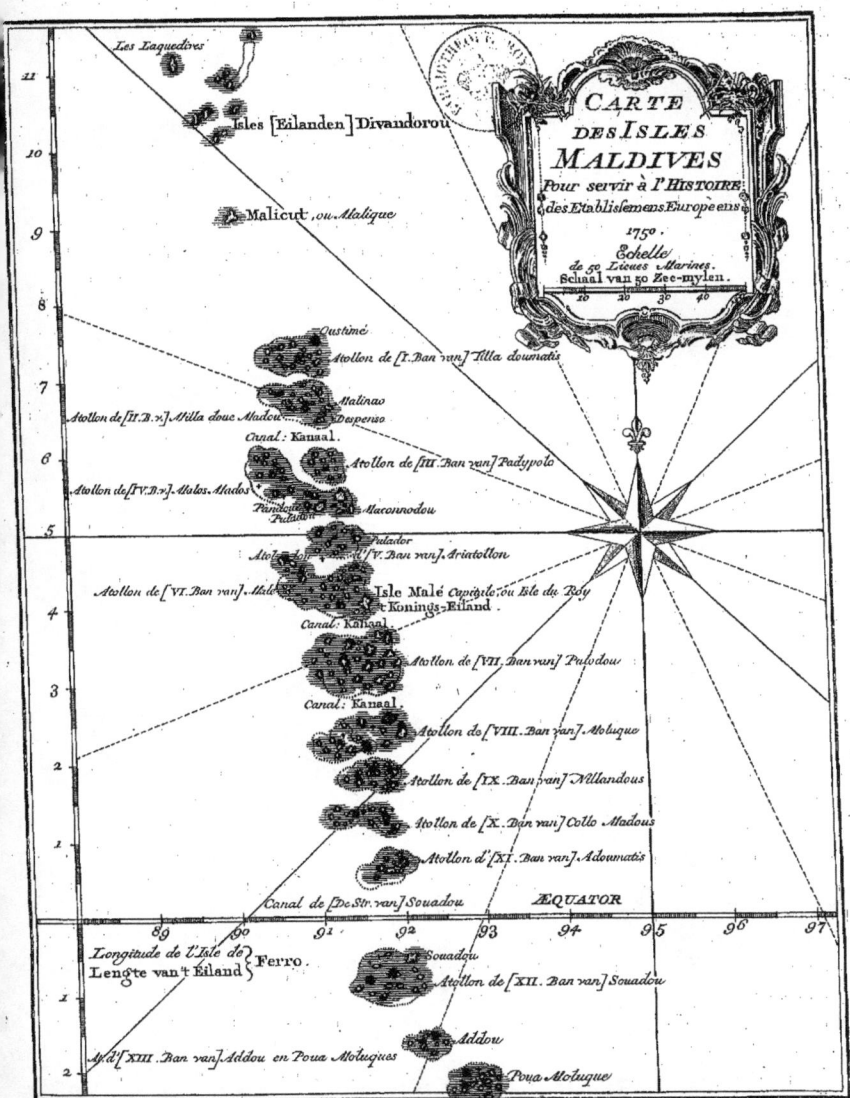

## KAART DER MALDIVISE EILANDEN,
om te dienen voor de HIST. BESCHR. der VOLKPL. 1750.

17.

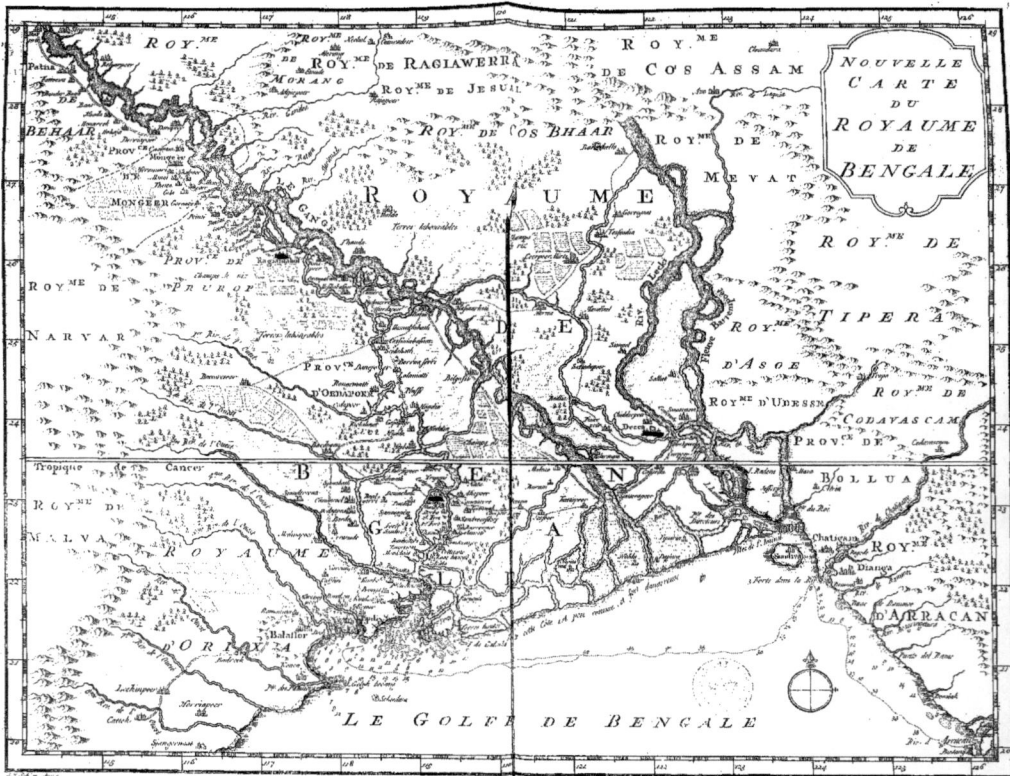

NOUVELLE
CARTE
DU
ROYAUME
DE
BENGALE

ROY.ME DE RAGIAWERRA

ROY.ME DE CO'S ASSAM

ROY.ME DE MORANG

ROY.ME DE JESUAL

ROY. DE COS BHAAR

ROY.ME DE MEVAT

ROY DE BEHAAR

Patna

PROV.

MONGEER

ROYAUME

DE

ROY.ME DE TIPERA

PROV. DE PRUROP

D'ASGE

NARVAR

PROV. D'ORDAPOR

ROY DE

ROY.ME D'UDESSA

CODAVASCAM

PROV.CE DE

Tropique de Cancer

B E N G A L A

ROY.ME DE MALVA

ROYAUME

BOLLUA

Chatigam

Dianga

ROY.ME D'ARRACAN

D'ORIXA

Balafor

LE GOLFE DE BENGALE

CHINE

COSTE DE L'KUST van TUNQUIN

COSTE DE L'KUST van TUNQUIN

Camboja

I. Sanchan

Tanchouikiang

I. du Nord est
N. Oost. Eilanden

Riv. de Tunquin

Nagtegael

ZEEMYLEN van 20 in een Grad.

Poulo ou I. Tajo

Docato Kiontcheou

Golfe de

I. HAINAM

I. Visser

I. Sowel Tunquin,

Vancheou Vai

Tinhosa

ou

G. van Kochinchine.

R. Poisien

I. Torisema

Les Lunettes, ou le Cordon de St. Antoine.

Pt. Touron

I. Campella

De Bril: of Snoer van St. Antoni.

B. Touran

Poulo Canton

Le Paracel

C. Batang

Zongangh

De Paracelles: Eilanden en Rotszen.

Lieues Marines de France et d'Angleterre.

KOCHINCHINE

B. Chinchen

B. Cambir

C. Varella

Cabo de Mer

B. S. Philip

B. Pagode

Carte
des Costes de
COCHINCHINE,
TUNQUIN,
et Partie de celles de
la Chine.

B. Comorin

TSIAMPA

B. Podaran

Riv. de Pral Cambolia

Monkerkens

B. Breda

Roviet d'Dobiquines

Ceci

Poulo Cecir de Mar

Polsapata

Longitude de l'Isle de
Lengte van 't Eiland Ferro

123    124    125    126    127    128    129    130    131    132

J. V. Schley direx.

KAART van de KUSTEN van KOCHINCHINE, van TUNQUIN, en
Gedeeltelyk van de CHINEESSE-KUST.

19

Carte
des Isles
PHILIPPINES
CELEBES
ET MOLUQUES.
Echelle de Cent Lieues Marines de France
Schaale van Hondert. ZEEMYLEN, 20 in een Graad
10  20  30  40  50 ............ 100

Nota
Quoique cette Carte soit dressée avec toute l'exactitude possible, on a supprimé les noms de beaucoup de petites Isles, pour éviter la confusion, n'ayant besoin icy que de la position générale, le detail viendra ensuite.

Hoewel dit Kaartje met alle mogelyke Naauwkeurigheid geschikt is, echter heeft men 'er de Naamen van veele klyne Eilandjes uitgelaaten, om Verwarringe te myden: de Hoofdschikkinge is hier maar noodig, en de Onderdeelinge zal volgen.

130   135   140   145   150

C. Bajador
Palinguin
Engano
LES ILUS
COGNIA
ou
MANILLE
DE
I. Polo
Baye
de Manille
I. Luban
ISLES   I. Mindor
I. Calamines
Linapacan
I. de Paragoa
C. I. Balaba
PHILIPPINES
I. Panay
I. des Negros
Negot El.
C. du S. Esprit
Samar
Leyte
FILIPPYNSE
I. S. Jean
Davao
EILANDEN
I. Jolo
I. Moangis
I. Sangui
L. Borneo
I. DE
LES
Morotai
[EILAND VAN]
Equator
Detr. de [S. etrr.] Makassar
I. DE
CELEBES
ou
MAKASSAR
I. Gilolo
Ternate
Tidor
DE
BORNEO
ISLES
Sapellica
Nilly
N. Guinée
I. Ouby
MOLUKSE
MOLUQUES
Paulo Laut
Makasar
Bouro
I. Amboina
I. Banda
EILANDEN
Balanga
El. Seyer
I. Bouton
I. Lucaparos
I. du Volcan   Brandt Eiland
I. Madura
I. Lomboc
Lombane
Omba
JAVA
Bali
Combava
Side ou Flores
I. Salor
Hoog-Eiland
I. Wette
I. Timor

J. V. Schley direx.
KAART van de FILIPPYNSE, CELEBES, en MOLUKSE-EILANDEN.
20.

CARTE DE LA **TARTARIE OCCIDENTALE** *Pour servir à l'Histoire des Etablissemens Européens. Tirée des Auteurs Anglois. Par N. Bellin, Ingénieur de la Marine 1749.*

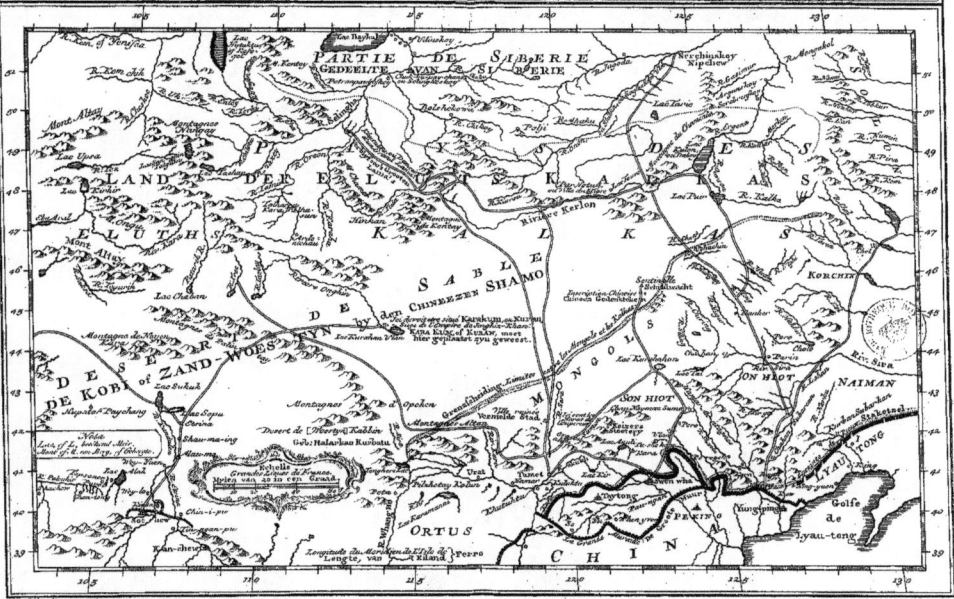

PARTIE DE SIBERIE
GEDEELTE VAN SIBERIE

Nerchinskoy
Nipchow

MONT ALTAI
Mont Altaï

P ... L A N D  D E R  E L  U T  H ... K A L K A S  D E S  K A L K A S

LAND DER ELUTHS

DESERT  DE  SABLE SHAMO  by den CHINEEZEN SHAMO

DE KOBI of ZAND-WOESTYN

DESERT DE LA KOBI of ZAND-WOESTYN

MONGOLS

KORCHIN

NAIMAN

ON HIOT

SON HIOT

ORTUS

C H I N  A

PEKING

Golfe de Nyau-tong

LIAU-TONG

**KAART VAN** WEST-TARTARYE, *getrokken uit de Kaarten der Jezuiten en de Kaart des Russischen Ryks van den*
H*.* KYRILLOW. *Op de* ENGELSCHE *in dit Bestek gebragt, door* N. BELLIN, 1749.

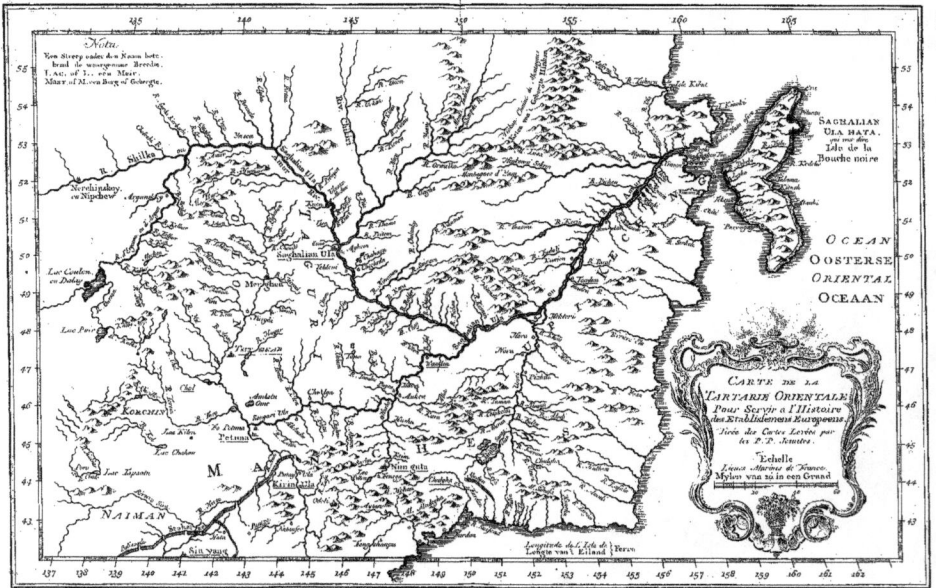

KAART van OOST-TARTARYE, gelyk die geligt is door de JEZUÏTEN, A° 1709-10 en 11. Op de ENGELSCHE in dit Bestek gebragt.

---

*Within the map:*

OCEAN
OOSTERSE
ORIENTAL
OCEAAN

SAGHALIAN
ULA HATA,
you mo ding
Isle de la
Bouche noire

CARTE DE LA
TARTARIE ORIENTALE
Pour Servir a l'Histoire
des Etablissemens Europeens.
Tirée des Cartes Levées par
les P.P. Jesuites.
Echelle
Lignes Marines de France.
Mylen van 20 in een Graad.

Longitude du l'Isle de
Largeur van 't Eiland } Yesou

R. Shilka
Nerelzinsboy,
en Nipchew

Lac Coulon,
en Dalay
Lac Poir

Lac Tapanta

NAIMAN

M. A

KORCHIN
Chel
Petinaa
Lac Chakine
Lar Kites

Saghalian Ula

TURU

Karincala
Sin Yrou

Niun Gula
Lac Pitron

Peron

J.S. Klay Sen.

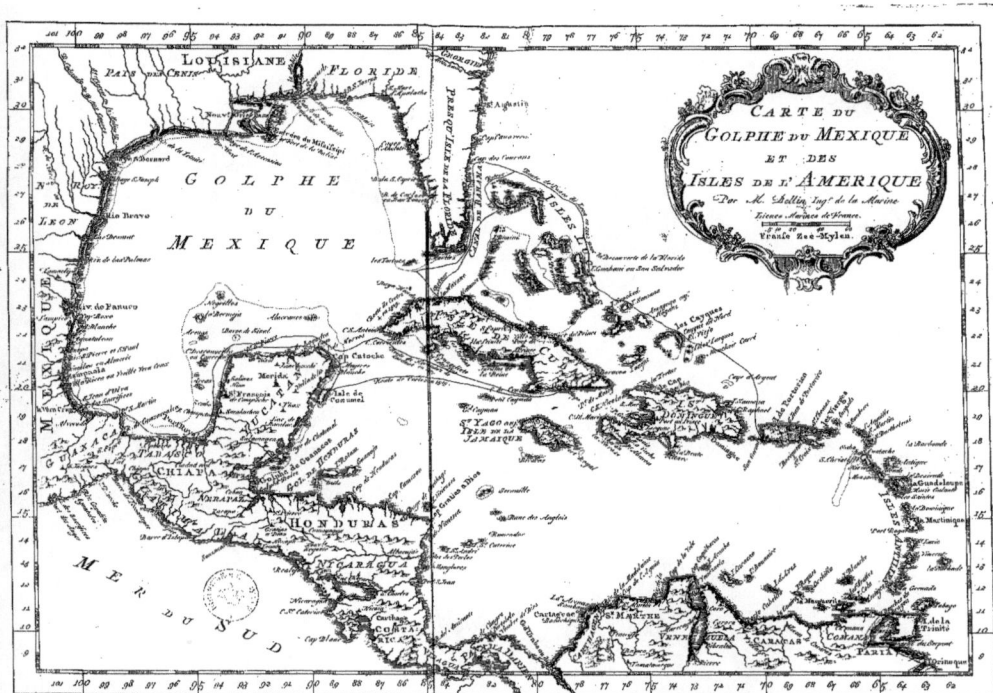

LOUISIANE
PAYS DES CENIS
FLORIDE
St. Augustin

GOLPHE
DU
MEXIQUE

N.LE ROY
LEON

MEXIQUE

R. Bravo

GUAXACA

TABASCO
CHIAPA
NICARAGUA
HONDURAS

MER DU SUD

COSTA RICA

Cap Catoche
Merida
YUCATAN
Isle de Cozumel

CUBA

St. YAGO ou ISLE ou la JAMAIQUE

DOMINGO

Guadeloupe
Martinique

Cartagena

MADELENA
CARACAS
COMANA
PARIA

ISLES L.

CARTE DE
L'ISLE D'HAYTI,
Aujour d'hui l'Espagnole, ou
L'ISLE DE St. DOMINGUE,
Avec les Isles voisines;
Suivant la Découverte de l'Année 1492.
Et les premiers Etablissemens des Espagnols.
Par M. Bellin, Ingr. de la Marine.

LE PRACEL

ISLE DE CUBE

ISLE D' HAYTI

I. BORIQUEN ou
S. JEAN BAPTISTE

KAART van't EILAND HAYTI, heedendaags HISPANIOLA, of St. DOMINGO, met de nabuurige EILANDEN;
Volgens de Ontdekking van 't Jaar 1492, en de eerste Etablissementen der Spanjaarden. Door den Hr. Bellin, Ingr. der Zee-vaard.

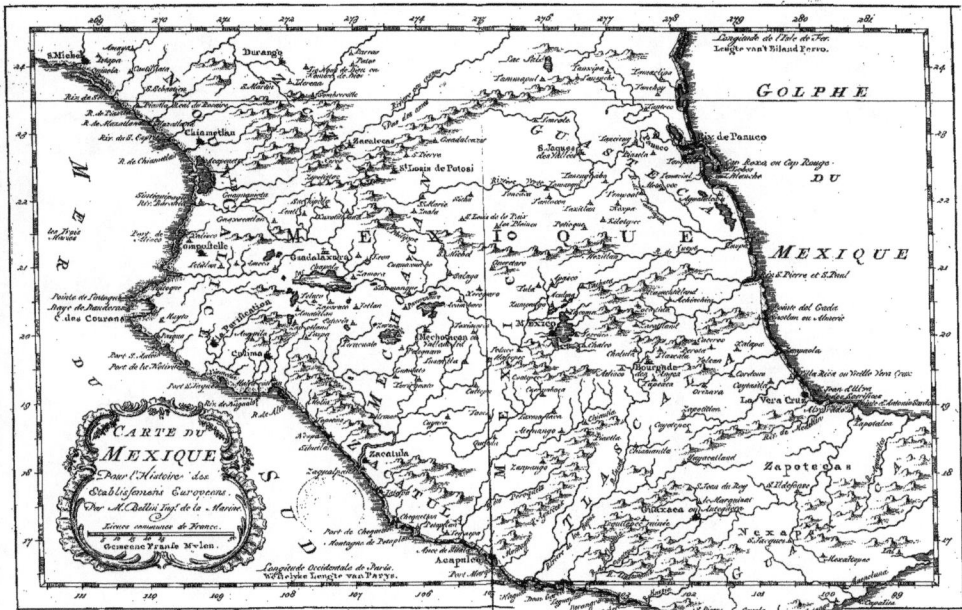

CARTE DU
MEXIQUE
Pour l'Histoire des
Etablissemens Européens
Par M.C Bellin Ingr de la Marine
Lieues communes de France.
Gemeene Franse Mylen.

GOLPHE

DU

MEXIQUE

M E X I Q U E

MER

DU

SUD

Durango

Longitude de l'Isle de Fer.
Leugte van 't Eiland Ferro.

KAART van het MEXICO Door den Hr Bellin &c

Mitelongo   Tescotepec
Citlatepec   Tisquiquiac   Capotlan
Tejetitlan   Hueroxoca
Xilbango   Tenutego   Compoala
Cucititlan   Talquay
*MARAIS*
Tenaynca   Jattocan   Huetihuos   Ottomba
Tepea   Acutma
Tacuba   Acatepec   Chiconoutla   Tepelastec
Cinais   Thaliistlan
*MARAIS*
Mexico   Tezcuco
Quitlaraca
Tacaipalon
*LAC D'EAU SALÉE*   Ximadocaca   Capistlan   Xicalopa
Ayalusco   Guasteper   Histaluca
Cuyoacam   Tacpalaoa
*LAC D'EAU DOUCE*   Pichiguique
Ogolobris   Magiscatzinga   Tlacus
Timamea   Ayoango
Suchimilco   Zimanalco
Cuetcisteran   Curtaleco

Nord.
Ouest   Est
Sud

Anecamaca

CARTE DU LAC DE MEXICO,
ET DE SES ENVIRONS
Lors de la Conquête des Espagnols
Pour servir à l'Hist. des Établissem.ᵗˢ Européens.
Echelle de Quatre Lieues.
Schaal van Vier Mylen.

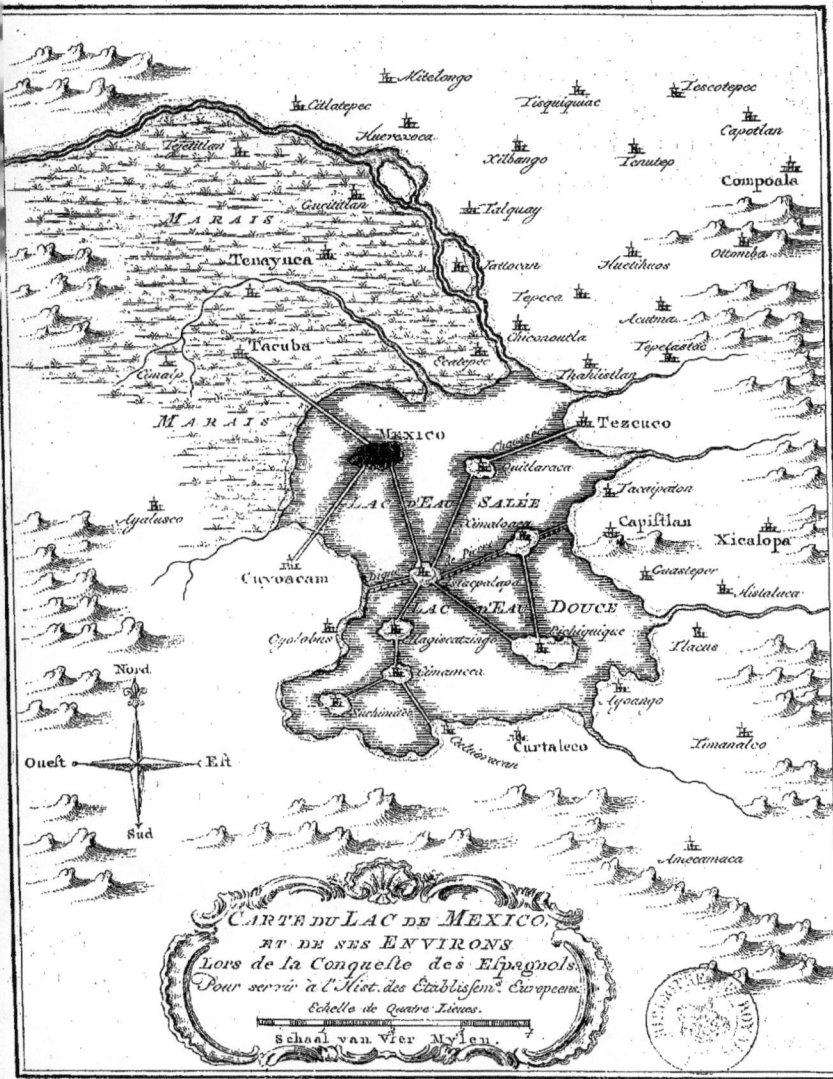

KAART VAN 'T MEIR VAN MEXICO, EN OMLEGGENDE PLAATSEN.
By de Overwinninge der Spanjaarden.
25.

CARTE DES PROVINCES
DE TIERRA FIRME,
DARIEN, CARTAGENE
ET NOUVELLE GRENADE.
Pour servir à l'Histoire des
Etablissemens Europeens.
Lieues communes de France.

Tiré des meilleures Cartes et en particulier
de l'Amerique de M. d'Anville
1756.

MER DU SUD

Longitude Occidentale du Méridien de Paris

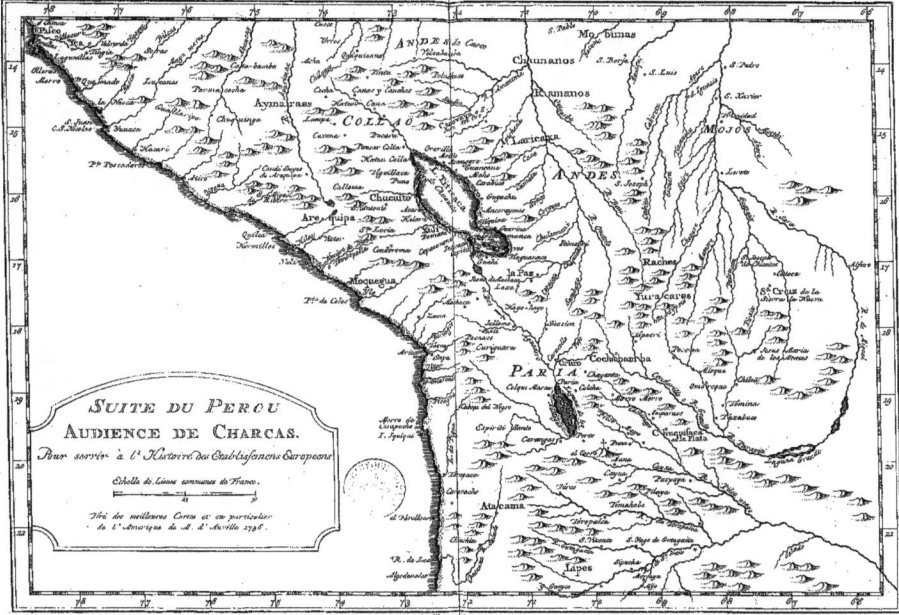

SUITE DU PEROU
AUDIENCE DE CHARCAS.

Pour servir à l'Histoire des Etablissemens Europeens

Echelle de Lieues communes de France.

Tiré des meilleures Cartes et en particulier
de l'Amerique de M. d'Anville 1746.

COLLAO

ANDES de Cusco

ANDES

PARIA

MOJOS

Chiunanos

Rumanos

Laricaxa

Tura'cares

Arequipa

Chucuito

La Paz

Moquegua

Cochabamba

Atacama

Lipes

Lapaz

S. Pablo

Mobimas

S. Borja

S. Luis

S. Pedro

S. Xavier

Sr. Cruz de la
Sierra la Nueva

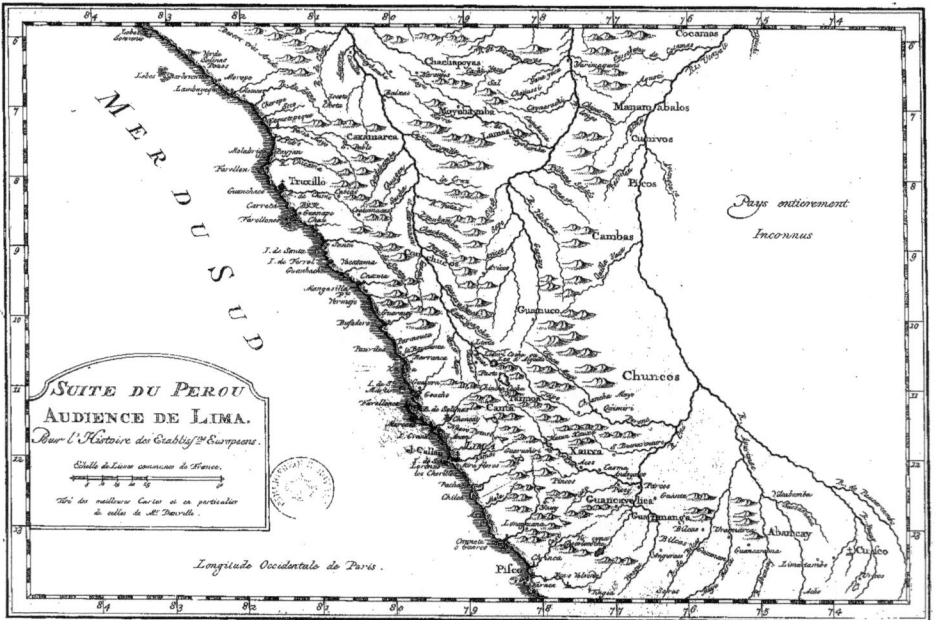

SUITE DU PEROU
AUDIENCE DE LIMA.
Pour l'Histoire des Etablissem. Europeens.

Echelle de Lieues communes de France.

Tiré des meilleures Cartes et en particulier
de celles de M. D'anville.

MER DU SUD

Longitude Occidentale de Paris.

Pays entierement
Inconnus

Cocarnas
Chachapoyas
Mamam Abalos
Moyobamba
Cuervos
Cazmarca
Bicos
Truxillo
Cambas
Guanuco
Chuncos
Carma
Xauxa
Guancavelica?
Guamanga
Vilcabamba
Abancay
Pisco
Cusco

Longitude de l'Isle de Feu.
Lengte van 't Eiland Feuo.

CARTE REDUITE DU DÉTROIT DE MAGELLAN
Dressée sur les Journaux des Navigateurs;
Par le Sr. Bellin Ingr. de la Marine, &c. 1753.
GEREDUCEERDE KAART VAN DE
STRAAT VAN MAGELLAN
Geschikt op de Dag-Registers der Zee-
Lieden. Door den Hr. Bellin, &c.
Renvois pour l'Isle de Louis le Grand et ses Environs.

a. Port Philippermer.
b. Baye Dauphine.
c. Cap S. Severin.
d. Détroit de S. Severin.
e. Cap S. Denis.
f. Cap de Pavillon.
g. Canal de la Compagnie.
h. Baye de la Mort ou port.
i. Cap St. Louis.

Cap de la Victoire

Cap des Vierges

TERRE
DE
FEU

Longitude Occidentale de Paris.
Westelyke Lengte van Parys.

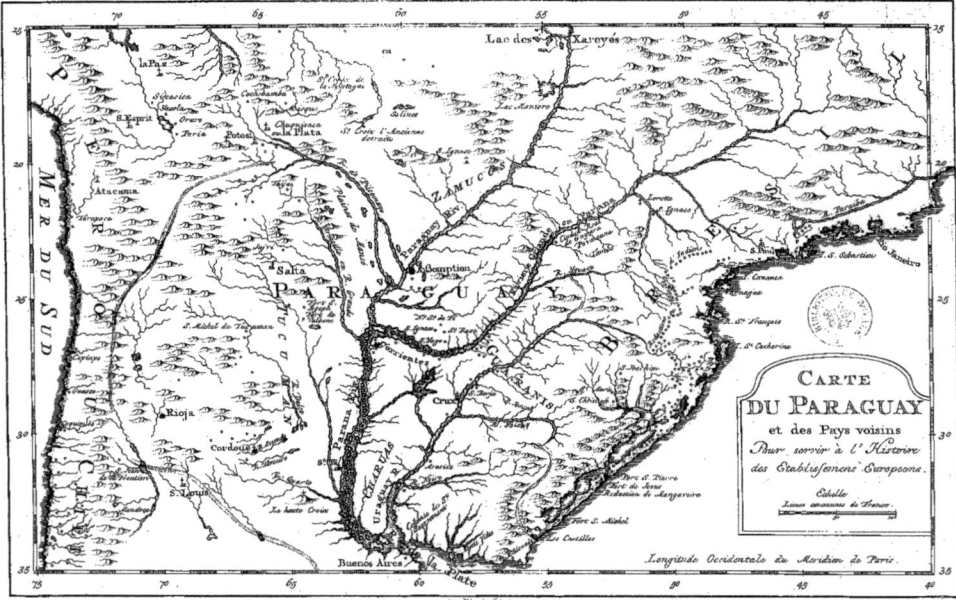

**CARTE DU PARAGUAY**
et des Pays voisins
Pour servir à l'Histoire
des Etablissemens Européens.

Echelle
Lieues communes de France.

Longitude Occidentale du Méridien de Paris.

MER DU SUD

Lac des Xarayes

Buenos Aires

la Plata

Equateur ou Ligne Equinoctiale

CAPITAINE DE PARA

CAPITAINE DE MARAGNAN

CAPITAINE DE SEARA

CAP.ᵉ DE RIO GRANDE

CAP.ᵉ DE PARAIBA

CAP.ᵉ D'OLINDE

CAP.ᵉ DE SERGIP

P A R T I E   D U

L'Intérieur du Pays n'est pas connu.
Les Nations errantes qui l'habitent sont nommées
T A P U Y A S

B R E S I L

S. Louis du Maragnan

Baie de Tous
les Saints

Sergipe ou Rio Real

**CARTE
DU BRESIL**
Prem. Partie
Depuis la Rivière des Amazones jusqu'à la
Baie de Tous les Saints
Pour servir à l'Histoire des Etablissemens Europeens.

Echelle de Lieues Communes de France.

Tiré de la Carte de l'Amérique de M.ᵈ Danville.

Longitude Occidentale du Meridien de Paris.

R. Tiete
Mont de Ibotacatu
Mines de Taranavanema
Curitu

59  58  57  56  55  54  53  52  51  50

24  24

R. de Paranaba

G U A Y

R. Guibay
Grand Sault
Ciudad Real
N. D. de la
Tatanaua
Tembo

Lorette
Sault

Mont Ibiangi
R. Paranga

R. Isubay

Barre d'Iguape
I. Cananea
Camarin

25  25

Incarnation

Pipearabu
Iboprupetuba

Taruma

Ibaroti

N. D. de
S. Maria d'Iguazu
R. Iguazu

R. de S. François

S. Michel

Bavitanga
Ararabari

26  26

Sault

Uruguay

R. Ibicuri

Vruguay

Corpus
S. Ignace
Lorette

R. Iguacu

S. Thome

Sta. Maria
Uruguay

R. Tibagi
Sault
R. Urug

Anse de Tapocoroi

27  27

R. Igapic

Anse de Garoupas

Les Trinks
Yaguva
S. Ange

S. Martin

R. Pilota
S. Jean

S. Xavier
R. Iru
S. Jago

R. Uyapic

R. des Oies

Upaba

I. de Gal
Isle Ste. Catherine
I. Alvorede

28  28

S. Thomas

S. Joseph
les Apo
Caime
S. Nicolas
S. Jean Cuini
S. Lucia
Bel. Michel
Laurentz

Ibuassup

29  29

R. Borja
Yabacua

R. Ibicui

Tabacua

Yapeiu

R. Ieropi

Nueutz

S. Joachim
Les Nianzes
S. Cosme
Michel
S. Joseph
S. Anne
S. Christofle

Lac des Oies

I. de Reparo

30  30

R. Ibicuitini

Yapica

R. Ietrasinga
Torigi Uabi

31  31

P A R T I E   D U   G U A R A N I S

B R A S

R. Tacamandahu

Esplanade du Nord
Port St. Pierre
de Jesus Maria Joseph
Reduction de Mangaveira

32  32

Lac de Merim

33  33

Lac des Castilles

34  34

Baie de Mangaveira

Cap. Ste. Marie

35  35

RIV. DE LA PLATA   Longitude Occidentale du Meridien de Paris.

60  59  58  57  56  55  54  53  52  51  50

SUITE
DU BRESIL,
Pour servir à l'Histoire des
Etablissemens Europeens.
Lieues communes de France.

† Villages d'Indiens et Missions ruinées.
Tiré de la Carte de l'Amerique de
Mr. Danville.

BAHIA

13

Etendue de
Pays desert et
peu connu

S. Antoine
d'Urubu

Grandes
Plaines

14

S. Pierre
le neuf
D. Batatinga

Tour d'Avila

Salvador
Glorieuse
Baie de Tous les Saints
Tapagica
Montagne de S. Paul
Buipeba
Barre de Camamu

Iguarupa
Paranaca
Boury de la
Jean Amaro
Serinhaem
Camamu
R. des Contis

les Freres
Carmes

15

Saule
Arrayal de
Cardoso
Village de
Tapetes

R. D. de Vasoura
S. George
St. Anne
R. Los Ilheos
R. Contieri

Los Ilheos ou les Isles
Village des Indiens

R. Duca

16

Grandes
Plaines

Jacambia

Grande ou Retina

R. S. Antoine
R. St. Croix

S. Antoine
Porto Velho
Punta Gorda
Ste. Cruz
I. Tongue
S. Amaro
R. des Freres

lo Rosaire

Lac Paraçitinga

17

Ville Neuve
du Prince

Porto Seguro

Mont
Pascoal

R. Jacahaem

R. Jacó
R. Sarbabiuba

Pointe Tubarao

I. Seche
I. de la Montagne de Pierre

18

R. des Caravelles
R. Parieu
R. Peçuiu

Abrolhos C'est-à-dire
les Rochers
Oiseaux
Ste. Barbe

R. Hotipa

R. des Bois Mages

19

R. Dolce

I. Goeró
Pointe de Rio Dolce
I. du Repos
R. Barreiras
Rocher
Villa Ilha
Goropari
I. de Goropari

20

le St. Esprit

Villarica
Guarapirana
Tabarahu

R. Fritibe
R. Tepaine

R. Paraiba do Sul

I. des François
Lac de Pêcherie

21

Vieux Arrayal
S. Joseph
Port du Rei
Thiupoca
Juroca

Pernaba

Montagnes des Orgues

Cap St. Thomas
R. St. Anne
I. Dancova

22

Villa Gaba
Pindamaha
Taubate
Jacari
Angra dos Reies

C. Frio

23

Magis
S. Paul
Santos

Rio Janeiro
Maremba

24

SUITE
DU BRESIL,
Depuis la Baie de Tous les Saints
jusqu'à St. Paul.
Pour servir à l'Histoire des Etab. Europ.
Tiré de la Carte de l'Amerique de Mr. Danville

Lieues communes de France.

# CARTE DU COURS DU MARAGNON OU DE LA GRANDE RIVIERE DES AMAZONES

Dans sa partie navigable depuis Jaen de Bracamoros jusqu'à son Embouchure et qui comprend la Province de QUITO et la Côte de la GUIANE depuis

le Cap de Nord jusqu'à Essequebé

Levée en 1743 et 1744 et assujettie aux Observations Astronomiques par M. de la Condamine de l'Ac. R.le des Sc.

Augmentée du Cours de la Riviere Noire et d'autres détails tirés de divers Mémoires et Routiers manuscrits de Voyageurs modernes.

### PARTIE DE L'AMERIQUE MERIDIONALE

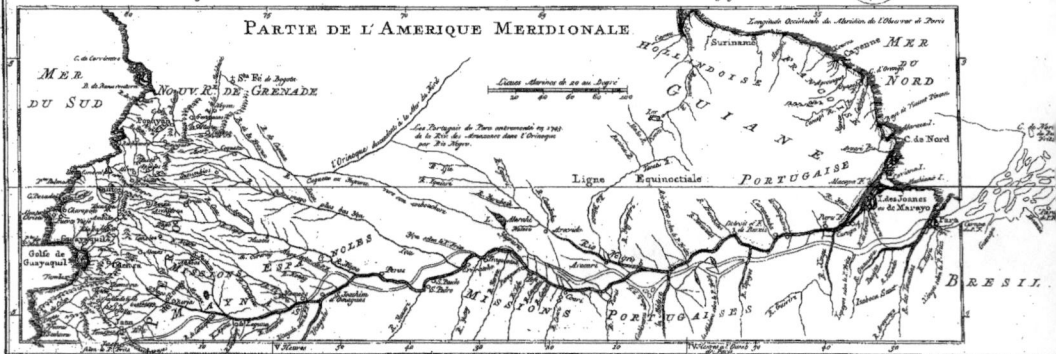

Longitude Occidentale du Méridien de l'Observat. de Paris

MER DU SUD

NOUV. R.me DE GRENADE

S.te Fé de Bogota

GUIANE HOLLANDOISE

Surinam

MER DU NORD

C. de Nord

Lignes Marines de 20 au Degré

Les Portugais de Para entrerent en 1743 de la XVe des Amazones dans l'Orénoque par Rio Negro

L'Orénoque descendue à la Mer

Ligne Equinoctiale

GUIANE PORTUGAISE

Golfe de Guayaquil

Quito

MISSIONS ESPAGNOLES

Rio Negro

Les Joanes ou de Marayo

MISSIONS PORTUGAISES

BRESIL

Copié sur la Carte jointe à la Relation du Voyage de l'Amerique Meridionale par M. de la Condamine.

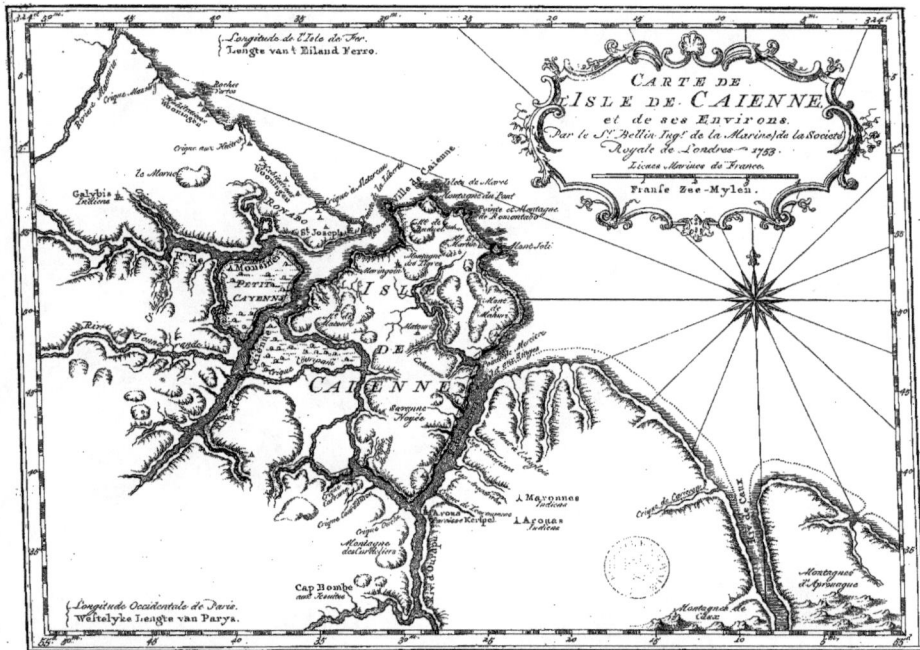

CARTE DE
L'ISLE DE CAIENNE,
et de ses Environs.
Par le Sr. Bellin Ingr. de la Marine)du la Société)
Royale de Londres. 1763.
Lieues Marines de France.

Longitude de l'Isle de Fer.
Lengte van 't Eiland Ferro.

Longitude Occidentale de Paris.
Westelyke Lengte van Parys.

KAART VAN HET EILAND CAYENNE, en omleggende Plaatzen. Door den Hr. Bellin, &c.

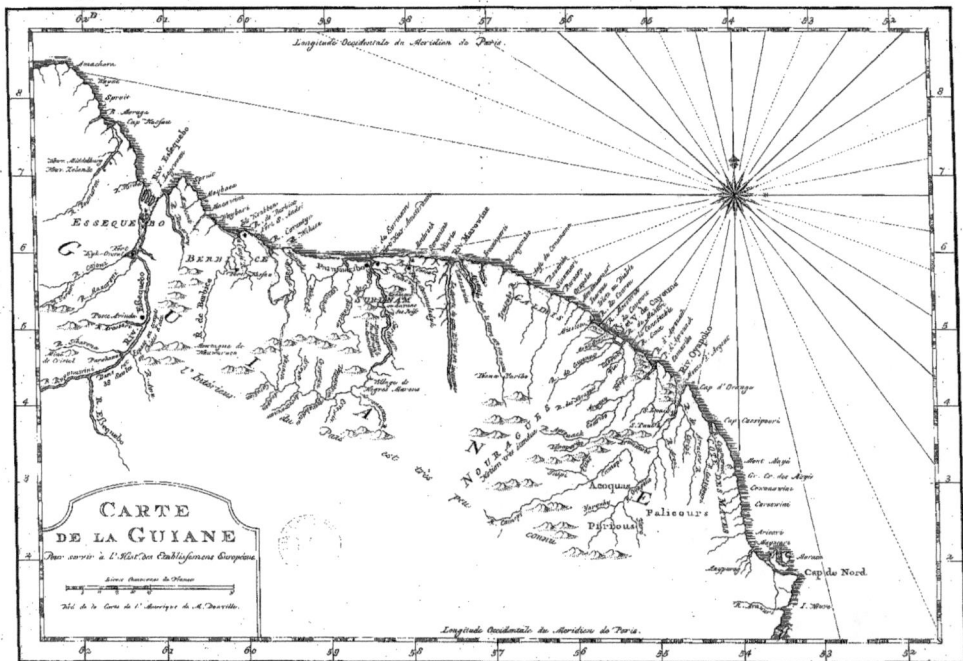

CARTE
DE LA GUIANE
Pour servir à L'Hist des Etablissemens Européens.

Lieux communes de France

Tir. de la Carte de l'Amerique de M. Danville.

CARTE
DE LA LOUISIANE
et Pays Voisins.
Pour servir à l'Histoire
des Etablissemens Européens.
Lieues communes de France.
Par M. B. Ing. de la Marine.

NOUVEAU
MEXIQUE

LOUISIANE

Ces Contrées et
les Nations Sauvages
sont peu connues

Apaches des Sept Rivieres

les Chouanons

les Cadodaquius

les Natchitoches

les Kansas

Osages

les Kentons

Missouri

Octatas

CHEROQUIS

les Akansas
les Chicachas

les Tekas

Natchez
Tunyeas

Biloxi

FLORIDE

GEORGIE

GOLFE DU MEXIQUE

Embouchures
du Missisipi

S.t Louis

LAC HURON

S.t Claire

L. ERIE

Detroit

LAC MICHIGAN

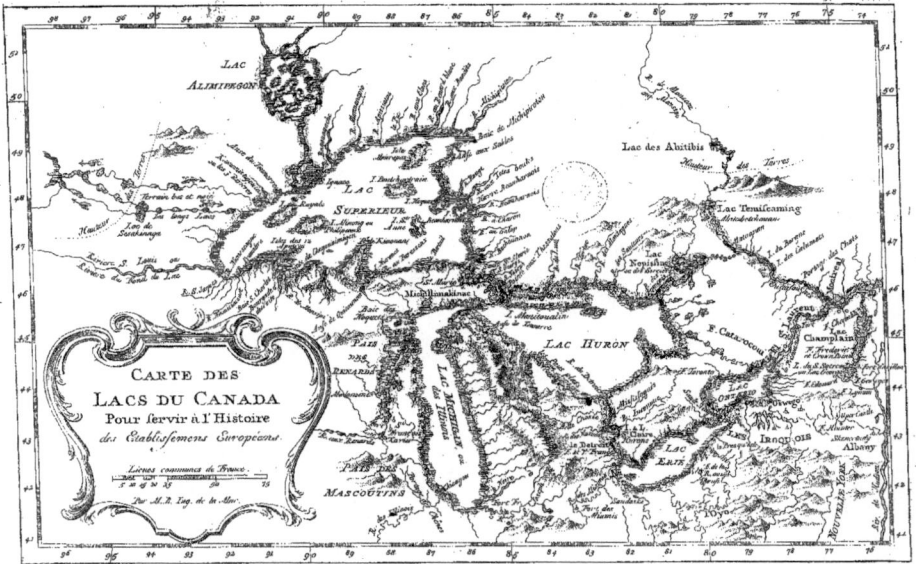

CARTE DES
LACS DU CANADA
Pour servir à l'Histoire
des Etablissemens Européens

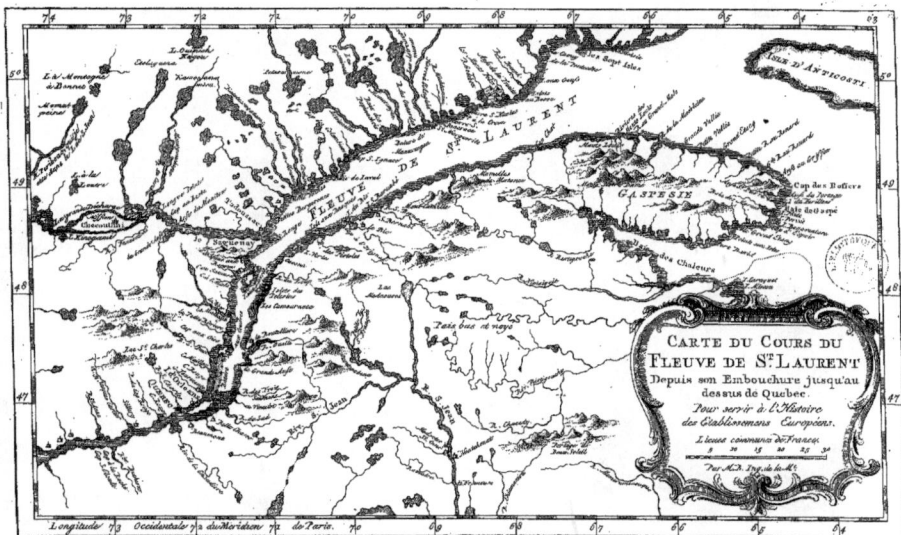

LAC NEPISSING

Lac Caouinagamic    Lac St. Thomas    Lac St. Charles

Matacouai

des Outaouais

Soral

Baie de

LAC ONTARIO

Fort Toronto
François

Lac du Saint
Sacrement
ou
George

Fort
Oswego

SUITE
*DU COURS DU FLEUVE*
DE St. LAURENT
Depuis Quebec jusqu'au Lac
Ontario
*Pour servir à l'Histoire des
Etablissemens Européens*

Lieues communes de France

Par M. B. Ing. de la M.

LES OUNESCAPI

PAYS DES ESQUIMAUX

Belle Isle

PAPINACHOIS

Detroit de Belle Isle

Fleuve de St. Laurent

Isle d'Anticosti

GOLPHE
DE St.
LAURENT

ISLE
DE
TERRE NEUVE

GASPESIENS

C A N A D A

ISLE ROYALE

Louisbourg
Breton

PARTIE DE L'ACADIE

Longitude Occidentale du Meridien de Paris

CARTE
DU GOLPHE DE St. LAURENT
et Pays Voisins
Pour servir a l'Histoire des Etablissemens Europeens.
Lieuës communes de France.

CARTE
de la
BAIE DE HUDSON
Pour servir à l'Histoire des Etablissemens
Europeens.

ISLE
DE
BONNE FORTUNE

Baie de Cumberland

DÉTROIT DE HUDSON

LE WELCOME

BAIE DE

HUDSON

BAIE
BUTTON

B. de Chesterfield

I. de Repulse

Cap Smithampton

Cap Chidley ou
Pointe de Button

I. de Résolution

LABRADOR
nommée anciennement par les François,

NOUV.E BRETAGNE

Nation
du Caribou

Lac du
Loup Marin

ESQUIMAUX

Etendue des Pays
entierement inconnüe

JACQ.

Longitude Occidentale du Meridien de Paris

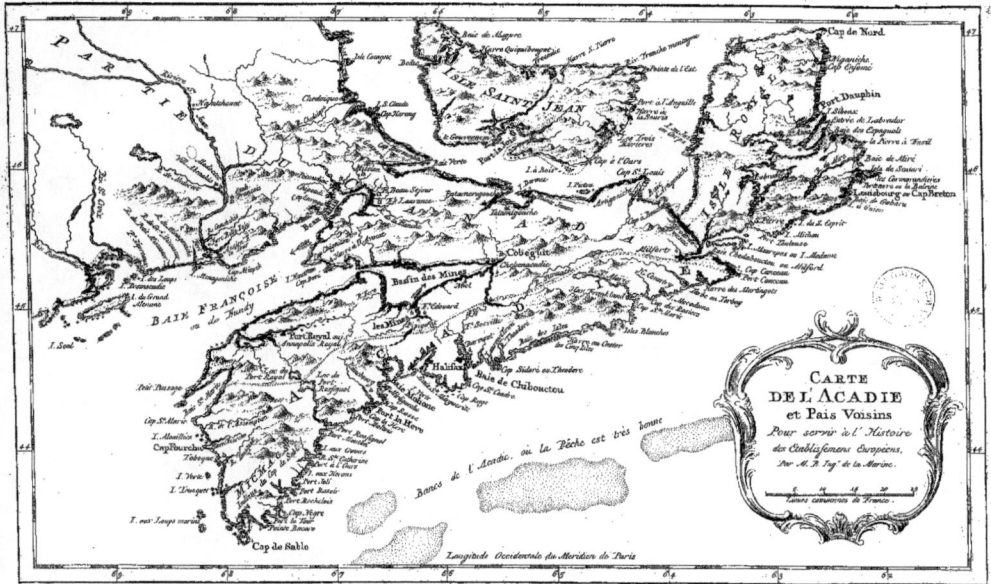

CARTE
DE L'ACADIE
et Pais Voisins
Pour servir à l'Histoire
des Etablissemens Europeens,
Par M. B. Ing.r de la Marine.

CARTE
DE LA NOUVELLE ANGLETERRE,
NOUVELLE YORK ET PENSILVANIE
Pour servir à l'Histoire des Etablissemens Européens
Lieues communes de France.
Par M. B. Ing. de la Mer.

Lac Ontario

Lac Erie

NATIONS IROQUOISES

Baie de Pentagoet

Baie de Boston

Cap Cod

PENSILVANIE

Longitude Occidentale du Méridien de Paris

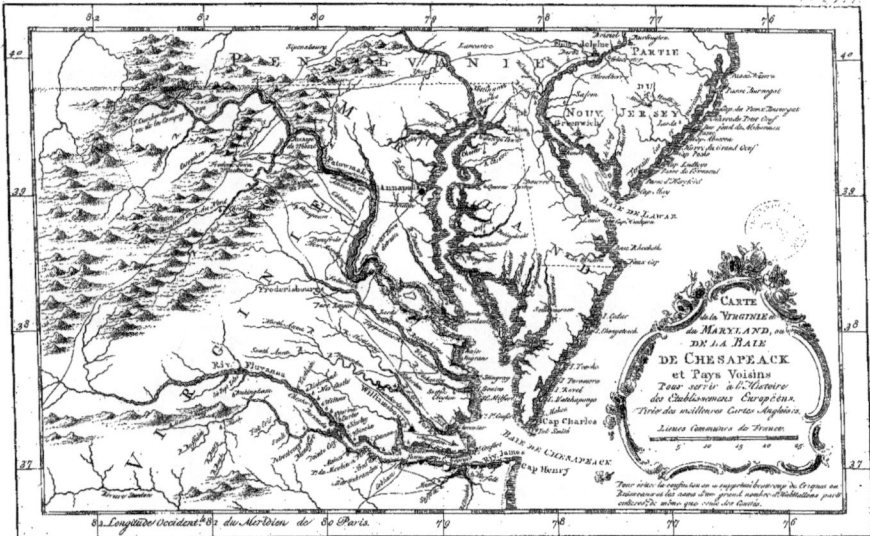

CARTE
de la VIRGINIE et
du MARYLAND, ou
DE LA BAIE
DE CHESAPEACK
et Pays Voisins
Pour servir à l'Histoire
des Etablissemens Européens.
Tirée des meilleures Cartes Angloises.
Lieues Communes de France.

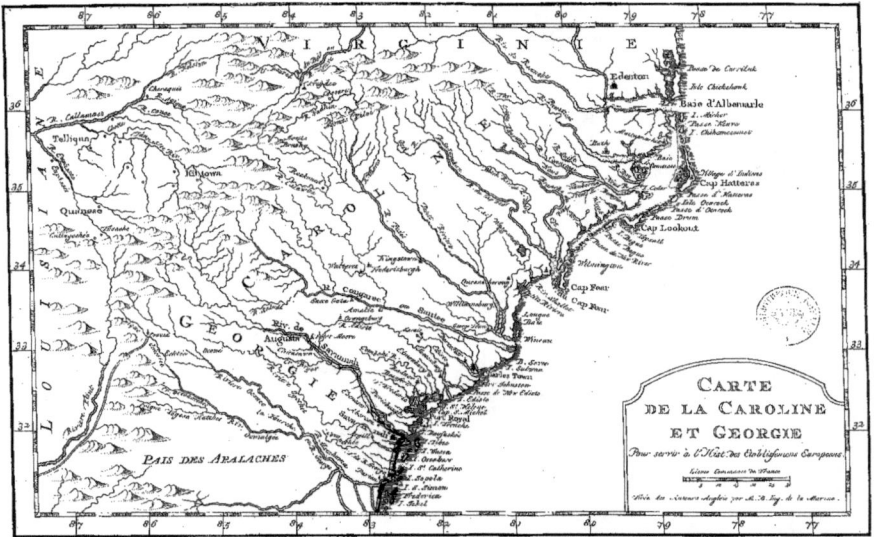

CARTE
DE LA CAROLINE
ET GEORGIE
Pour servir à l'Hist des Etablissemens Européens

PAIS DES APALACHES

VIRGINIE

LOUISIANE

CAROLINE

GEORGIE

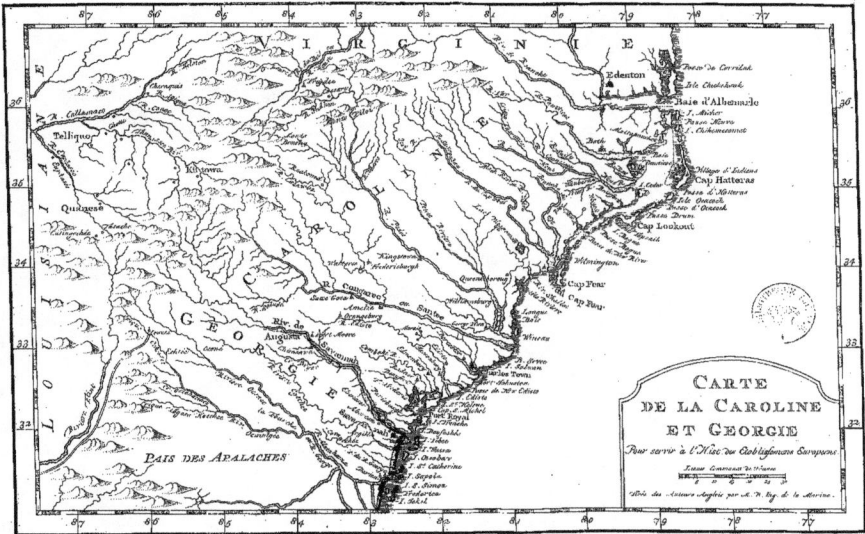

CARTE
DE LA CAROLINE
ET GEORGIE
Pour servir à l'Hist. des Etablissemens Europens